Ayya Khema

**Wenn nicht ich, wer denn –
wenn nicht jetzt, wann dann?**

Ayya Khema

Wenn nicht ich, wer denn – wenn nicht jetzt, wann dann?

Buddhistische Praxis

Die Erstausgabe ist unter dem Titel
„Kleine Schritte – auf dem Weg des Buddha"
im Jhana Verlag erschienen.

Jhana  Verlag

Originalausgabe: „Little Dust in our eyes", Sri Lanka 1988
Vorträge zur buddhistischen Praxis für Nonnen und Anagarikas
auf Parappuduwa Nuns Island, Sri Lanka.
aus dem Englischen von Gudrun Heidecke
überarbeitete Neuauflage von Monika Asshauer

Die Deutsche Bibliothek – CIP-Einheitsaufnahme

Khema <Ayya>:
Wenn nicht ich, wer denn – wenn nicht jetzt, wann dann? :
buddhistische Praxis / Ayya Khema.
Übers.: Gudrun Heidecke. – 2., verb. Aufl.. – Uttenbühl :
Jhana-Verl., 2000
  Einheitssacht.: Little dust in our eyes <dt.>
  ISBN 3-931274-19-5

© des englischen Orginals by Ayya Khema 1988
© der deutschsprachigen Ausgabe by Jhana Verlag, Uttenbühl 1992
Alle Rechte vorbehalten
2. verbesserte Auflage 2000

Umschlaggestaltung: Nyanabodhi und Alexandra Rister
Satz: Claudia Wildgruber
Druck: Druckerei Wilhelm Uhl GmbH, Bad Grönenbach
ISBN 3-931274-19-5

Inhalt

Dank 7
Vorwort 9
I. Der Pferdebändiger 11
II. Rollenspiel 21
III. Eigenliebe – Selbsthass 32
IV. Unglücklichsein ist unheilsam 40
V. Aufgeben, was aufgegeben werden muss 52
VI. Da alles leer ist, wo kann sich der Staub dann niederlassen? 68
VII. Nichts Besonderes 78
VIII. Spirituelles Wachstum 89
IX. Das Herz als Quelle des Bewusstseins 97
X. Wer bin ich? 104
XI. Zwölf Bedingungen, die zu *Nibbāna* führen 114
XII. Meditative Vertiefungen 145

Glossar 162

Lebenslauf von Ayya Khema 169

Dank

Man kann sich kaum vorstellen, wie viele Menschen dabei mithelfen, bis so ein Buch wie dieses in die Hände des Lesers gelangt.

Allen, die mich dabei unterstützen, mein Gedankengut, basierend auf den Anweisungen des Buddha in Buchform weitergeben zu können, möchte ich innigen Dank aussprechen.

Ich denke auch, dass die Bücher mich überleben werden und vielleicht nach meinem Tod noch hin und wieder hilfreich wirken können.

Viele Menschen haben ihr Bestes getan, um das Buch schön zu gestalten und dem Leser zugänglich zu machen.

Vielen, vielen Dank an meine Leser. Möge es euch Freude bereiten und Glück und Frieden in eure Herzen bringen.

Buddha-Haus im Allgäu
Ayya Khema

Vorwort

Überall scheinen intelligente Menschen von dem Gefühl durchdrungen zu sein, dass sich die Zustände in der Welt ständig verschlechtern, so dass es einem immer schwerer fällt, nicht in schwierige und Furcht erregende Situationen hineingezogen zu werden. Es wurde ausdrücklich vom Buddha gelehrt, dass wirklicher Frieden und echtes Glück nicht innerhalb weltlicher Bedingungen gefunden werden können. Nicht nur verändern sich diese ständig, sondern sie haben auch nicht genug Ausmaß und Tiefgründigkeit, um die Sehnsucht in unseren Herzen nach wahrer und andauernder Zufriedenheit zu stillen.

Dieses Buch von *Dhamma*-Vorträgen wird hier angeboten, um einen Weg aus unseren Problemen und unserem Leiden zu zeigen, um eine Vorstellung von dem Weg des Buddha zu absolutem Frieden und Glück zu vermitteln. Wenn irgendjemand dadurch inspiriert wird diesen spirituellen Pfad zu praktizieren, würde unserer Welt schon geholfen sein.

AyyaKhema
Buddha-Haus, Dezember 1991

I.
Der Pferdebändiger

Zu Zeiten des Buddha lebte ein Mann namens Kesi, dessen Beruf Pferdebändiger war. Eines Tages kam er zum Buddha und erzählte ihm, dass er bei seiner Arbeit des Pferdezähmens die Pferde auf vier verschiedene Arten behandle. Die eine Art von Pferd brauche er nur anzusprechen, mit den Beinen zu dirigieren und das Pferd würde gehorchen. Der nächsten Art von Pferd müsse er nur die Peitsche zeigen, diese aber nicht gebrauchen. Bei der dritten Pferdeart müsse man dann tatsächlich die Peitsche benutzen, um es zum Aufhorchen zu bringen. Und schließlich gibt es noch eine vierte Sorte, bei der alle drei Methoden fehlgeschlagen wären: Dieses Pferd sei so unbrauchbar, dass er es erschießen müsse. Der Pferdebändiger wollte die Meinung des Buddha dazu hören.

Der Buddha erwiderte: „Ich mache genau dasselbe mit meinen Jüngern."

Kesi war erstaunt: „Du bist doch ein Mönch, ein Buddha, ein Erleuchteter, ein Einsiedler und würdest das tun? Du würdest einen Schüler töten, wenn er dir nicht gehorcht?"

Der Buddha sagte: "Es ist so. Es gibt bestimmte Schüler, zu denen ich nur einmal sprechen muss und sie verstehen sofort worum es geht – sie sind leicht zu erziehen. Es gibt auch Schüler, denen muß ich klar machen, dass sie schlechtes *Karma* machen, wenn sie nicht gehorchen. Sie müssen das nur oft genug hören und werden es schließlich verstehen. Dann gibt es Schüler, denen ich gewisse Regeln auferlegen muss, nach denen sie sich verhalten sollten. Nach einiger Zeit begreifen sie, worum es geht. Aber es gibt auch Schüler, bei denen keine der drei Methoden funktioniert – und solche erschieße ich – ich töte sie."

Kesi sagte: "Ich kann das nicht glauben. Ich habe niemals gehört, dass der Buddha jemanden getötet hätte!"

Der Buddha erwiderte: "Wenn ich einen Schüler töte, bedeutet das, dass ich ihn oder sie nie mehr belehren werde. Was das *Dhamma* betrifft, ist dieser Schüler tot. Nur die ich belehre sind für das *Dhamma* und für mich lebendig." Kesi war mit der Antwort zufrieden und verabschiedete sich.

Wenn wir diese Geschichte hören, sollten wir uns auch an die letzten Worte des Buddha erinnern: "Seid euch selbst eine Insel, seid euch selbst eine Zuflucht, praktiziert mit Fleiß." Er erwähnte oft, dass Menschen dem *Dhamma,* der Lehre folgen sollten und nicht ihm, dem Lehrer. Wenn wir diese Worte hören, dürfen wir sie nicht missverstehen und denken, dass das *Dhamma* bereits in unseren Herzen existiert. Dazu brauchen wir die Lehre und den Lehrer. Sonst wären wir alle längst erleuchtet.

Wir können von Herzen dankbar sein, dass die Lehre für uns existiert und dass es Lehrer gibt, die sie darlegen können. Wenn wir keinen Gebrauch von dieser Gelegenheit machen, könnten wir getötet werden. Wenn wir jetzt nicht die Chance nutzen zu lernen, könnte das *Dhamma* für uns später nicht mehr zugänglich sein. Wenn wir die gegenwärtige Gelegenheit nicht mit all unserer Kraft nutzen, sind wir im Inneren schon gestorben. Denn es mangelt uns an der Offenheit, etwas Neues zu akzeptieren. Wenn wir nicht zur Veränderung bereit sind, könnten wir genau so gut schon tot sein.

Es wäre schön, wenn wir Schüler der ersten Art wären. Also Menschen, denen die Wahrheit nur einmal gesagt werden muss und die sie sogleich verinnerlichen. Solche Schüler sind allerdings rar. Es gibt jedoch einige, die leicht einsehen können, was getan werden muss, aber trotzdem sind sie nicht in der Lage, das auch umzusetzen, weil ihnen ihre Unreinheiten noch im Wege stehen. Sie verstehen, dass der Läuterungsprozess für ihre spirituelle Entwicklung absolut notwendig ist. Sie können ihre eigenen Schwierigkeiten erkennen und akzeptieren die Tatsache, dass eine Veränderung erst im Laufe der Zeit stattfinden wird und haben Geduld mit sich. Zur Zeit des Buddha wurden die Schüler *Savakas* genannt, was „Hörer" bedeutet, das ist jemand der hört und zuhört. Zunächst muss das *Dhamma* gehört und dann praktiziert werden, um in Herz und Geist eine Veränderung zu bewirken.

Viele Menschen brauchen die Androhung schlechten *Karmas*, der höllischen Bereiche, um zu heilsamem Verhalten genötigt zu werden. Man muß ihnen die Peitsche zeigen. Darum sagte der Buddha: „Scham und Furcht sind die Hüter der Welt." Diese Menschen brauchen die Angst vor Bestrafung, um angespornt zu werden. Der Buddha bemerkte, dass ein weiser Schüler Angst davor habe etwas Falsches in Gedanken, Worten und Taten zu machen, weil er weiß, dass das zu seinem eigenen Nachteil wäre.

Versuchungen entstehen ständig. Der Buddha saß unter dem Bodhi-Baum, nur noch Momente trennten ihn von der Erleuchtung und trotzdem musste er noch Versuchungen widerstehen. Die Töchter *Māras*, des Versuchers, bemühten sich ihn von seinem Meditationsplatz wegzulocken. Wenn in einem Menschen von solchem Format, mit solchen Fähigkeiten und Errungenschaften noch Versuchungen aufsteigen können, wird es uns leichter verständlich, wie oft wir zu falschen Gedanken, Worten und Handlungen verführt werden können. Deshalb sollten wir auf uns selbst aufpassen. Vielleicht kommt Furcht darüber hoch, dass unheilsames Handeln uns selbst Leid zufügt. Jeder hat seine eigenen Versuchungen und Verunreinigungen und sollte daher auf seine eigenen Schwierigkeiten aufpassen. Jeder ist mit sich selbst beschäftigt. Wem kann ich also schaden? Doch nur mir selbst. Es wäre dumm, sich selbst wehzutun. Natürlich machen gewöhnliche Menschen Fehler. Und so müssen wir die gleiche Lektion immer wieder durchnehmen, solange bis wir keine Fehler mehr machen. So wie man ein wildes Pferd dadurch bändigt, indem man es mit der Peitsche erzieht. Ein Pferdebändiger muss sehr geschickt sein. Oft muss er seine Anordnungen wiederholen, um sich selbst und sein Pferd zu schützen. Doch auch Wiederholungen sind Grenzen gesetzt, wie wir aus der Geschichte des Buddha entnehmen können.

Die meisten Menschen haben Angst davor, etwas Falsches zu tun. Je deutlicher wir die Gefahr des Unheilsamen in uns selbst erkennen, desto weniger werden wir in Versuchung geraten. Wir fürchten uns nur vor unseren eigenen Unreinheiten und versuchen, sie zu verkleinern. Wir sollten sie nicht als unsere Feinde betrachten, sondern als unsere Herausforderungen und Lernaufgaben. Es sind Prüfungen, die uns immer wieder vor die Aufgabe stellen, ob wir in die Falle hineinfallen oder nicht. Ob wir unsere Lektion gelernt haben oder nicht. Es wäre nicht sinnvoll, uns von unseren eigenen Unreinheiten entmutigen zu lassen. Das würde nur eine weitere Negativität hinzufügen. Die richtige Art und Weise mit dem Unheilsamen in uns umzugehen wäre, dessen Anwesenheit in uns zu bemerken und es als Herausforderung zu benutzen. Wenn das Leben keinerlei Herausforderungen enthielte, würde es sehr langweilig werden. Darum sollten wir jeden Tag etwas dazulernen, um unsere Denk-, Sprech- und Reaktionsmuster in Frage zu stellen. Wenn wir uns nicht darum bemühen, graben die vertrauten Muster immer tiefere Furchen, aus denen wir nur schwer herauskommen.

Wenn wir nicht zu den Menschen zählen, die automatisch Angst davor haben falsch zu handeln, dann muss uns Angst eingeflößt werden. Daher sprach der Buddha von der Peitsche, die benutzt werden müsste. Er hatte Schüler, die sich so schlecht aufführten, dass er sie schärfstens ermahnen und schelten musste. Das veranlasste ihn, Regel für Regel einzuführen, so dass wir eine *Vinaya,* Ordensregeln in fünf Bänden haben. Die Angst vor Bestrafung ist die Peitsche.

Einmal, als die Mönche sich extrem schlecht benahmen, ging der Buddha in den Wald und sagte: „Ich habe meine Jünger alles gelehrt, was ich weiß, aber einige sind unbelehrbar." Die Überlieferung berichtet, dass ein Elefant und ein Affe ihm täglich Mangos und Bananen zum Essen brachten. Nach drei Monaten baten die Laienanhänger den Buddha zurückzukommen, weil die anderen Mönche nicht in der Lage waren, sie so gut zu belehren wie der Buddha.

Wenn alle Ermahnungen erfolglos blieben, verbot der Buddha tatsächlich einem Mönch die Kommunikation mit der übrigen *Sangha* und unterrichtete ihn nicht länger. Dies passierte dem armen Channa. Channa hatte eine Art an sich, die die anderen Mönche verärgerte. Er gab vor, ein besonderer Freund des Buddha zu sein. Als der Buddha noch der Prinz Siddharta war, war Channa sein Wagenlenker gewesen. Er gewöhnte sich an „unser Buddha" oder „mein

Buddha" und „unsere Sangha" oder „meine Sangha" zu sagen, als ob er mit dem Buddha gemeinsam die *Sangha* gegründet hätte und als ob der Buddha ihm mehr gehöre als den anderen. Anstatt zu meditieren und an sich zu arbeiten, verärgerte er die anderen durch seine Redensweise und hörte auf keinen der älteren Mönche, von denen er hätte lernen können. Da verhängte der Buddha die höchste Bestrafung über ihn: Keine Kommunikation mit den anderen Mönchen! Dies traf Channa so sehr, dass er bald darauf die Erleuchtung erlangte. Der Buddha bestrafte Channa, weil er keine andere Möglichkeit sah ihn zu erziehen. Außerdem wollte er die anderen Mönche vor dessen geistigen Belästigung schützen. Dies kam dem Töten eines Schülers gleich, da er ihn nicht länger beachtete.

Ein Lehrer muß individuelle Methoden anwenden, um die einzelnen Menschen zu unterrichten. Einmal kam ein westlicher Yogi zu Ajahn Chah, der ein sehr bekannter Meditationslehrer in Nordost-Thailand war. Er sagte zu ihm: „Verehrter, ich bin ganz verunsichert und weiß nicht mehr, was richtig und falsch ist. Manchmal sagen Sie einem Schüler, dass er irgendetwas tun soll und dann höre ich, wie Sie einem anderen genau das Gegenteil sagen. Was soll ich denn glauben?" Ajahn Chah erwiderte: „Wenn ich ein Auto sehe, das auf der Straße ständig nach rechts ausschert und in Gefahr kommt, in den rechten Graben zu fahren, werde ich dem Fahrer ganz bestimmt den Hinweis geben, sich mehr nach links zu orientieren. Wenn ich einen Wagen sehe, der ständig nach links ausschert und Gefahr läuft, in den linken Graben zu fallen, so werde ich dem Fahrer sagen, er solle sich mehr nach rechts ausrichten. So kann ich beide vor einem Unglück bewahren, obwohl einer nach links fahren muss und der andere nach rechts."

Der eine mag Ermutigung und Unterstützung bei seinen Schwierigkeiten brauchen und ein anderer vielleicht Ruhe und Selbstbeobachtung. Letztlich geht es bei allen Menschen darum, die Unreinheiten in sich zu erkennen, um diese nach und nach loszulassen. Je mehr wir sie bei uns behalten, desto mehr schaden wir uns selbst. Läuterung von Gedanken, Sprache und Handlung ist das Rezept. Die Medizin die uns heilen kann ist, alle Anstrengungen darauf zu konzentrieren, unsere Gedanken in die richtigen Bahnen lenken. Damit gute Gedanken und Worte sowie Handlungen folgen können. Es wäre gut, wenn ein Schüler Angst davor hat das Falsche zu tun, damit die Entwicklung seiner spirituellen Befreiung nicht Schaden nimmt. Wenn wir keine Angst davor haben, Schlechtes zu tun, wird unsere Entwicklung so stark beeinträchtigt, dass wir uns am Ende selbst töten – natürlich nicht körperlich – sondern geistig und emotionell. Da nichts statisch ist, sondern alles sich ständig ändert, bewegen wir uns in unserem Reifeprozess entweder vorwärts oder rückwärts, denn wir können niemals stehenbleiben. Der einzige Mensch, den wir ändern können, sind wir selbst. Wir können gutes *Karma* erwerben, indem wir freundlich, rücksichtsvoll und hilfsbereit zu anderen sind. Wir müssen lernen, unser Leben sinnvoll zu nutzen. Wir mögen glauben, wir wüssten wie wir leben sollten, nur weil wir am Leben sind. Aber wie viele Menschen wissen wirklich, was sie mit ihrem Leben anfangen sollen? Wenn wir Herz und Geist so erzogen haben, dass sie voll Frieden sind, dann steigt Freude in uns auf. Je mehr wir Zufriedenheit in uns entwickeln, desto weniger Schwierigkeiten haben wir. Damit sind wir frei, anderen zu helfen. Wenn wir diese Fähigkeit in uns kultivieren, werden wir tatsächlich zum lebenden Beweis für das *Dhamma*.

II.
Rollenspiel

„Die ganze Welt ist eine Bühne und alle Männer und Frauen sind nur Schauspieler" schrieb Shakespeare. Dem Buddha hätte dieser Spruch sicherlich gefallen.

Wir können diese Aussage etwas weiter ausführen und uns vorstellen, dass wir berühmte Schauspieler/innen mit wichtigen Rollen wären. Vielleicht spielen wir einmal die Königin im „Sommernachtstraum" oder ein anderes Mal Gretchen im „Faust" oder Macbeths Frau. Wir versuchen, jede unserer Rollen so gut wie möglich auszufüllen. Bevor wir auf die Bühne gehen, ziehen wir in der Garderobe das entsprechende Kostüm an. Dann gehen wir hinaus und tragen unseren Text so gut wie möglich vor. Wenn wir unsere Sache gut machen, bekommen wir vielleicht Applaus, über den freuen wir uns dann und sind zufrieden mit uns. Nach der Aufführung ziehen wir unser Kostüm wieder aus und kehren mit unserer Straßenkleidung wieder nach Hause zurück. Mit dem Kostüm haben wir die Identifikation mit unserer Rolle abgelegt. Wir glauben dann nicht länger Macbeths Frau zu sein, oder vielleicht die Königin im Sommernachtstraum oder Gretchen. Wir sind wieder dieselbe Person die wir waren, bevor wir auf die Bühne gingen.

Im Verlauf unseres bisherigen Lebens haben wir bereits viele Rollen gespielt. Wie viele waren es? Tochter, Schwester, Studentin, Freundin, Geliebte, Ehefrau, Mutter, Sekretärin, Buchhalterin, Gärtnerin, Köchin, Kindermädchen. Sicher haben wir für die verschiedenen Rollen in unserem Leben auch immer wieder ein anderes Kostüm angezogen, denn man trägt nicht im Büro dieselbe Kleidung wie beim Kochen oder Gärtnern zu Hause. Schwierig wird es, wenn wir uns mit unseren Rollen identifizieren. Wir glauben an jede neue Rolle, die wir in unserem Leben spielen und identifizieren uns damit. Dadurch erkennen wir leider nicht, dass wir nur eine Gastvorstellung geben, die in dem Moment beendet ist, wo wir die Rolle nicht mehr erwartungsgemäß darstellen. Im Gegenteil, wir fahren fort, die Vorstellung von uns selbst in allen diesen Rollen zu festigen. Damit verursachen wir eine Erwartungshaltung, die wir niemals vollkommen befriedigen können.

Indem wir uns mit unseren Rollen identifizieren, haften wir an. Es muss nicht unbedingt an eine spezielle Rolle sein, sondern es reicht aus zu glauben, dass wir jemand von Bedeutung sind. Wir denken: „Ich bin Frau, Mutter, Ärztin oder Richterin, weil ich mich ja auch dem entsprechend benehme." Jetzt versetzen wir uns wieder in die Situation, dass wir eine Schauspielerin sind, die auf der Bühne steht. In dem Fall ist uns vollkommen klar, dass wir in Wirklichkeit nicht die Person sind, die wir in unserem Theaterstück darstellen. Es ist eben nur eine Rolle, die wir spielen.

Der Grund unseres Anhaftens ist, dass wir glauben eine eigenständige Persönlichkeit zu sein. Wenn wir unglücklich sind, möchten wir die Rolle wechseln und jemand anderes sein. Wenn es keine Freude macht Ehefrau zu sein, lassen wir uns scheiden. Macht es einen nicht glücklich Nonne zu sein, können wir uns stattdessen am Strand vergnügen. Wenn das auch nicht funktioniert, versuchen wir vielleicht als indische Heilige unser Glück zu finden. Immer wenn uns eine Rolle keine Erfüllung bringt, möchten wir gerne etwas Neues ausprobieren. Wir ziehen dann andere Kleider an und wechseln die Kulisse. Wie viele Rollen spielen wir allein an einem einzigen Tag? Wir sind Schülerin, später servieren wir das Essen, anschließend sind wir vielleicht die Leiterin. Jedes

Mal scheint es sich um „mich" zu handeln und daher suche „ich" nach Anerkennung. Kommt vom Publikum kein Applaus – und manchmal gelingt die Vorstellung ja nicht so gut – sind wir enttäuscht.

Es ist ein menschliches Phänomen, dass uns das bewusst ist, wir es jedoch nicht umsetzen können, weil es zu schwierig ist. Tatsächlich wäre es jedoch viel einfacher, sich nicht mit einer Rolle zu identifizieren, weil wir dann nicht auf den Beifall angewiesen sind. Wäre es nur eine Rolle, die wir spielten und nicht „Ich", wäre es egal, ob jemand der Vorstellung applaudiert oder nicht. Wir geben unser Bestes, das ist alles. Selbst wenn jemand verfaulte Tomaten nach uns werfen sollte, wäre es nicht weiter tragisch, weil es eben nur ein Bühnenstück ist. Das hätte ferner zum Vorteil, dass die Angst schwinden würde. Die Ursache des Lampenfiebers einer Schauspielerin ist das „Ich"-Bewusstsein und dahinter steckt der Wunsch, geliebt und anerkannt zu werden sowie die Angst, dass es nicht der Fall wäre. Dasselbe erleben wir, wenn wir uns mit unseren Rollen identifizieren.

Unwissenheit, das heißt die „Ich"-Illusion, hält uns davon ab, das vermeintliche Eigentumsrecht auf unsere Rollen zu lockern. Gewohnheitsmäßige Denkmuster blockieren den Weg zu einer ganz neuen

Innenschau. Wir müssen einmal neben uns treten und erkennen, dass nichts so ist, wie es zu sein scheint. Wir machen bei einer Vorführung mit und jeder, der der Show absolute Realität beimisst, wird immer Schwierigkeiten erfahren. Das Stück ist zu Ende, wenn der Vorhang fällt. Dann müssen wir warten, bis die nächste Vorstellung anfängt. Das Rollenspiel, das wir alle so ernst nehmen, entsteht durch Anhaften und verstärkt unser Anhaften. Wenn wir glauben, dass „wir" die Rolle sind, haften wir daran an und weil wir anhaften, glauben wir, dass „wir" die Rolle sind. Der Körper ist der physische Schauspieler und der Geist sagt den passenden Text. Manchmal sagen wir auch die verkehrten Worte und das verursacht Kummer und Disharmonie. Genau wie in einem Theaterstück Schwierigkeiten entstehen, wenn jemand seinen Text vergessen hat und die andere Person nicht das richtige Stichwort bekommt.

Es wäre wichtig, dass wir uns entscheiden, von welcher Rolle wir uns am sinnvollsten pensionieren lassen wollen, damit wir uns zurücklehnen und ausruhen können. Wenn wir das Kostüm aus Unzufriedenheit immer wieder wechseln und uns mit neuen Rollen identifizieren, können wir sicherlich nicht erwarten, dass wir aus diesem Kreislauf herauskommen. Im

Gegenteil, wir werden immer wieder Teil dieses Theaters sein. Die meisten Menschen wollen es so, weil es Unterhaltungswert hat. Aber zu manchen Zeiten schwindet das Vergnügen und Leiden, *Dukkha,* kommt aufgrund unseres Anhaftens hoch. Alles von dem wir glauben, was „wir" sind und „uns" gehört, was „ich" und „mein" ist, schafft *Dukkha*. Sind wir uns jedoch unseres Gastspiels bewusst, fühlen wir uns weder verhaftet noch belastet.

Stellen wir uns einmal vor, wir befänden uns in einem botanischen Garten und glauben, er würde uns gehören. Welche Bürde! Wie wir wohl all' die blühenden Blumen und Bäume am Leben erhalten sollen! Es ist viel Arbeit, den Garten zu düngen, zu pflegen, alles Unkraut zu entfernen und die Wege sauber zu halten. Gehört er uns aber nicht, kaufen wir nur eine Eintrittskarte und spazieren hinein, um den Garten zu bewundern. Ist das nicht herrlich? Ein schöner Nachmittag in einem botanischen Garten!

Beziehen wir dieses Beispiel auf unseren Körper und meinen er gehöre uns, müssen wir ihn zwangsläufig als Bürde empfinden. Verschafft uns dieser Körper nicht eine Menge Unannehmlichkeiten? Doch wenn uns dieser Körper wirklich gehören würde, warum gehorcht er uns dann nicht? Wieso haben wir

Schmerzen und Leiden, fühlen uns oft müde und schwach, werden alt und krank und haben Angst davor zu sterben? Wenn wir uns aber nur als ein Besucher in diesem Körper betrachten, verlieren die unangenehmen Dinge, die ihm passieren, vielleicht an Bedeutung. Beim Besuch des botanischen Gartens werden wir uns wahrscheinlich um einen kränklichen Baum auch keine Sorgen machen. Es geht uns nichts an. Stattdessen gehen wir weiter im Garten umher und schauen uns die anderen Bäume an. Dasselbe Prinzip können wir auf diesen Körper, seine Krankheiten und den zu erwartenden Tod anwenden. Die heimtückischste Rolle, die wir spielen ist „ich und mein Körper". Im Prinzip wissen wir alle, dass unser Körper uns nicht gehört und trotzdem leben wir nicht danach. Dieser Körper ist das forderndste Wesen, mit dem wir konfrontiert sind. Er muss gefüttert, gesäubert und angekleidet werden, Nägel und Haare müssen geschnitten werden. Er muss nicht nur essen und trinken, sondern zur Toilette gehen, schlafen, Übungen machen, seine Zähne in Ordnung bringen lassen. Es ist kein Ende abzusehen. Oft ist er müde und schlaff und braucht Ruhe.

Wenn wir unseren Körper als eine Herberge betrachten, in der wir für einige Zeit zu Gast sind, gibt es nichts, was uns Sorgen bereiten könnte. Unsere Illusion diesen Körper zu besitzen, würde sich automatisch auflösen. Somit könnten wir erkennen, dass wir in diesem Leben nur verschiedene Rollen besetzen, die ständig wechseln. Der Körper spielt seinen Part und trägt ein passendes Kostüm. In Wirklichkeit existiert niemand, der die Kleider trägt, außer den zweiunddreißig Körperteilen, auf denen sie hängen.

Diese Überlegungen können hilfreich sein, um vom Anhaften, Besitzen unseres Körpers loszulassen. Wir können uns klar machen, dass Besitztum nur Schwierigkeiten bringt – besonders, wenn wir einen Körper haben der niemals zufrieden gestellt sein wird. Entweder ist er übersättigt oder hungrig, er friert oder schwitzt. Er niest, wenn Wind aufkommt. Er kann nicht lange bequem in einer Sitzhaltung sitzen oder er hat zu lange gelegen und muss sich nun hinsetzen. Er kann nichts über einen langen Zeitraum hinweg tun, weder gehen noch rennen, sitzen oder liegen. Sehr selten empfinden wir unseren Körper als vollkommen harmonisch. Trotzdem ist er für uns als Menschen ein brauchbares Instrument. Aber wir dürfen nicht daran anhaften, uns nicht mit unserer Rolle als Mensch identifizieren. Wir haben alle viele verschiedene Rollen in unzähligen vergangenen Leben gehabt. Wir waren Kleinkinder, Schulkinder, dann Teenager, Studenten, Väter, Mütter, Großeltern und bei jeder Rolle dachten wir, diese Person zu sein und in ihr Glück zu finden. Wie könnte irgendeine Rolle uns wirkliches und dauerhaftes Glück bringen? Meist hält es nur solange an, wie es Beifall vom Publikum gibt. Oft ist bereits ein paar Augenblicke später alles vergessen und muss wiederholt werden. Ist es nicht interessant und erstaunlich, dass sechs Milliarden Menschen arbeiten und leben, um ein bisschen Applaus zu bekommen, der sie glücklich machen soll? Wenn uns niemand Beifall spendet, unterstützt oder bestätigt, haben wir *Dukkha*. Wir leiden darunter, weil wir denken wir wären erfolglos. Wir sollten unser Leben dahingehend überprüfen, dass wir diesen Zusammenhang erkennen können. Wenn wir uns in dem ewigen Kreislauf des Rollenspiels erleben können, wäre es möglich zu versuchen uns von außen zu betrachten. Indem wir eine andere Position beziehen, können wir uns aus einer ganz neuen Perspektive erleben. Wir müssen im richtigen Abstand vor dem Spiegel stehen, um unser wahres Aussehen zu erkennen.

Vorstellungen, die sich wiederholen, sind langweilig. Solange wir die Scheuklappen des Anhaftens und der falschen Meinungen tragen, haben wir eine sehr begrenzte Ansicht. Es würde sehr zu unserem Verständnis beitragen, wenn wir uns aus dem Blickfeld der anderen betrachten könnten, also vollkommen distanziert, ohne Besitzanspruch oder Ich-Identifikation. Denn Identifizieren verursacht Angst, nämlich die Angst vor dem Verlust. Außerdem glauben wir, unser Eigentum beschützen zu müssen, indem wir es in Stand halten wollen. Unsere materiellen Besitztümer erfüllen oft nicht unsere Erwartungen. Ebenso nicht die Ideen und Vorstellungen, die wir von uns selbst haben. Unser Selbst-Bildnis zersplittert oft, wenn andere es missbilligen. Wenn wir nichts besitzen weder Bilder von uns selbst, noch Ansichten, kein Anhaften an Rollen, haben wir weniger Sorgen und viel mehr Frieden.

Wir sollten stetig üben, um irgendwann aus dem Kreislauf der unzähligen Rollen aussteigen zu können. Es wäre wichtig, über die Frage nachzudenken: „Wer bin ich wirklich?" Wenn die Antwort „Ich" sein sollte, wäre zu untersuchen, wer „Ich" ist. Diejenige, die gerade die Rolle der Ehefrau oder der Mutter spielt, die Gärtnerin oder die *Dhamma*-Schülerin? Was ist die Realität? Oder bin ich alle Rollen zusammen? Eine ganze Gruppe von Schauspielerinnen, die alle in einer Person zu finden sind. Welch eine phantastische Vorstellung! Wir alle spielen diese verschiedenen Rollen ganz glaubhaft, weil wir uns mit ihnen identifizieren und darauf hoffen, dass uns die anderen das abnehmen werden. Das funktioniert nicht immer. Manchmal lehnen uns die anderen ab, weil sie andere Ansichten haben. Wir müssen das einmal untersuchen, wenn wir herausfinden wollen, wie wir Frieden in unserem Herzen erleben können.

Was wäre zu tun? Wir müssen erkennen, woran wir anhaften. Haben wir das erkannt, können wir es auch loslassen und es gibt keine Probleme mehr. Ein aufmerksamer, wacher, intelligenter Geist kann das. Je mehr unsere Meditationspraxis gedeiht, desto aufmerksamer und wacher wird der Geist. Desto eher kann er eine andere Sichtweise einnehmen, verstehen und akzeptieren.

III.
Eigenliebe und Selbsthass

Eigenliebe und Selbsthass sind beide extreme Emotionen, die von unserer Ich-Illusion verursacht werden und sind gleichermaßen schädlich.

Übertriebene Eigenliebe bedeutet, dass wir nur uns selbst im Sinn haben. Alles, was uns nicht direkt betrifft ist uninteressant. In gewissem Maß handelt jeder auf diese Weise. Leider ist es für Menschen, die sehr mit sich und ihren Problemen beschäftigt sind schwierig, einen spirituellen Weg zu praktizieren. Sie werden nur zuhören, wenn es um ihre eigenen Interessen geht. Diese Menschen fühlen sich oft einsam, weil sie schwer mit anderen in Kontakt kommen, da deren Angelegenheiten sie nicht wirklich interessieren. Sie sitzen in ihrem Kokon und warten darauf, eines Tages ein schöner Schmetterling zu werden und wollen nicht wissen, was sich um sie herum abspielt.

Ebenso bedeutet Mangel an Eigenliebe, der genauso weit verbreitet ist, zuviel Interesse an sich selbst. Statt: „Ich bin besser als du", denken wir: „ich bin schlechter als du" und das ist Selbsthass. Die Hauptschwierigkeit liegt darin, dass wir etwas beurteilen, den Vergleich zwischen mir und den anderen herstellen. Wenn wir etwas bewerten, so bringt das weder Herzensfrieden, noch eine Verminderung der Ich-Vorstellung, sondern nur „Ich"-Bestätigung. Eine starke Ich-Bezogenheit macht das Leben schwierig. Bei jeder neuen Situation tauchen Probleme auf, weil das „Ich" den persönlichen Gewinn oder Verlust beurteilt und bewertet. Entweder „ich bin nicht gut genug, um dies zu tun" oder „ich bin viel zu gut dazu". Indem wir uns mit den anderen vergleichen, fühlen wir uns vielleicht weniger fähig oder schlechter. Das führt zu Unzufriedenheit. Ein unzufriedener Mensch wird seinen negativen Geisteszustand auf andere Menschen oder seine Lebenssituation projizieren, die er dann für seine Misere verantwortlich macht.

Was immer wir über uns selbst denken und empfinden, spiegelt sich in unserem Umfeld wider. Oft versuchen wir unser Innenleben gegenüber unseren Mitmenschen zu verbergen, jedoch wird uns das nie gelingen. Unser gesunder Menschenverstand sagt uns ganz klar, dass unsere Reaktionen oft nutzlos und nicht gerade vernünftig sind. Jedoch überwiegt letzten Endes das Gefühl und nicht der Verstand. Wir sind von unseren Gefühlen bestimmt, ganz gleich, wie vernünftig und intelligent wir sein mögen. Sind wir mit uns unzufrieden, dann werden wir dasselbe von jedem anderen denken.

Solch eine Einstellung macht uns unglücklich und es ist nicht leicht damit zu leben, es ist schmerzlich und traurig. Wenn wir jemanden treffen, der an körperlichen Schmerzen leidet, so erkennen wir das wahrscheinlich an seinem äußeren Verhalten. Der Mensch mag stöhnen oder mit den Zähnen knirschen, er mag nicht mehr in der Lage sein, auf normale Weise zu reagieren, weil er so viele körperliche Schmerzen hat. Und genauso verhält sich der emotionelle Schmerz. Wenn wir jemandem gegenüberstehen, der unter seinen Gefühlen leidet, merken wir das. Solch ein innerliches Unbehagen kann niemals versteckt werden, sondern spiegelt sich in allen persönlichen Beziehungen wider. Ein Mensch, der bei jedem Schritt den er macht, Schmerzen erfährt, wird wahrscheinlich versuchen, so wenig Schritte wie möglich zu machen und sehr vorsichtig zu gehen, um nicht den Schmerz zu verschlimmern. Das Gleiche geschieht bei emotionellem Schmerz. Hat man Selbsthass und Unzufriedenheit in sich, ist das sehr schmerzhaft für einen selbst und für alle, mit denen wir in Kontakt sind.

Wir bilden uns oft ein, wir wären freundlich, hilfsbereit, zuvorkommend und am Wohlergehen anderer interessiert. Vernunftgemäß und intellektuell mag das nach außen auch so erscheinen, weil wir zu gutem Benehmen erzogen sind. Wenn wir jedoch wissen wollen, wie es sich wirklich verhält, müssen wir unsere Gefühle kennen lernen. Dabei sollten wir auf die Empfindungen achten, die von der Mitte unseres Herzens ausströmen. Wie können wir darauf hoffen andere zu erreichen, wenn wir mit uns selbst nicht in Kontakt, im Reinen sind? Deshalb sollten wir erst einmal mit unserem eigenen „Ich" so umgehen, dass wir Frieden in unserem Herzen entwickeln.

Trägheit ist ein Extrem. Zu glauben nie genug zu tun, ist das andere Extrem. Beides tut uns nicht gut. Wir sollten uns vielmehr um den mittleren Weg bemühen, das heißt, uns mit den Augen einer Mutter zu sehen und uns selbst mit Liebe und Weisheit erziehen. Sind wir gleichzeitig unsere eigene Mutter und unser schwieriges Kind, finden wir vielleicht die Balance zwischen Eigenliebe und Selbsthass. Eine einfühlsame Mutter sorgt für ihr Kind mit Liebe und Mitgefühl, aber auch mit sanfter und beständiger Disziplin. Die meisten Kinder lieben das nicht, aber eine gute Mutter weiß um die Notwendigkeit. Wenn wir sowohl Mutter als auch Kind sind, werden wir merken, dass das Kind in uns aufwachsen muss und die Mutter in uns unterstützt diesen Vorgang. Eine vernünftige Mutter sieht ein schwieriges Kind als eine Herausforderung an und dieser Herausforderung stehen wir alle gegenüber, nämlich uns selbst zur vollen Reife zu bringen. Mangel an Liebe und Unzufriedenheit mit ihrem Kind ist nicht die Haltung einer Mutter, stattdessen leitet sie es immer wieder liebevoll an, gibt wiederholte Anleitungen und Führung.

Die Einsicht, dass das eigene Ich der Unruhestifter ist kommt, wenn uns auffällt, dass wir etwas haben wollen. Das kann sich auch auf den spirituellen Weg beziehen, indem wir eifrig praktizieren, um endgültige Befreiung zu erlangen. Wir sollten einmal ganz klar erkennen, dass es kein anderes Problem im ganzen Universum gibt als unsere Ich-Illusion. Diese falsche Ansicht vom „Ich" verursacht unsere Begehren und Leidenschaften, die uns ständig *Dukkha* verschaffen. Nur wenn wir uns dieser Tatsache bewusst werden und sie auf uns beziehen, können wir eines Tages loslassen.

Wir werden nie die Freiheit des Gefühls von „Nicht-Ich", *Anattā,* erreichen, wenn wir nicht zuerst die Rolle, die das „Ich" in uns spielt als Störenfried erkennen. Immer wenn „Ich"-Dünkel aufsteigen und uns Schwierigkeiten bereiten, können wir lernen, von Augenblick zu Augenblick loszulassen. Und dennoch bleibt die Frage: „Will ich wirklich das ‚Ich' loswerden? Was bekomme ich stattdessen?" Solange wir noch glauben, dass vielleicht ein anderer Weg uns aus dem *Dukkha* heraus führen könnte, auch wenn wir ihn noch nicht gefunden haben, sind wir nicht mit unserem ganzem Herzen dabei zu praktizieren.

Wenn wir uns selbst als Mutter und als Kind betrachten – das Kind, das geführt und erzogen wird – gibt uns das die Möglichkeit die Ego-Spiele, mit denen wir uns abgeben zu erkennen. Genau wie eine Mutter ihr Kind liebt, ganz egal, welche Spiele es spielt, ganz egal, wie viele Schwierigkeiten das Kind macht. Die Liebe spielt eine ganz entscheidende Rolle bei allem, was wir tun. Ob wir liebenswert sind oder nicht, ist dabei nicht ausschlaggebend. Nur ein *Arahant* ist vollkommen liebenswert, jeder andere hat Egozentrik und Eigen-Interesse in sich. Liebe ist das weiche, warme Gefühl, ohne das das Leben nicht fließt. Wenn wir dies nicht für uns entwickeln können, werden wir es auch nicht auf andere übertragen können und wenn wir es noch so gerne tun würden. So viel Wärme, wie wir für uns haben, so viel können wir anderen Wesen geben. Liebe ist eine Qualität des Herzens, ohne das Unterscheidungsvermögen des Geistes. Wer eigene Kinder hat, kann das Gefühl, das er für diese empfindet, auf sich selbst ausdehnen. Wir können auch in uns das Gefühl, das unsere Mutter für uns hat, wachrufen und diese Mutterliebe auf uns selbst übertragen, indem wir mit uns selbst liebevoll umgehen.

Jedesmal wenn wir uns der Schwierigkeiten bewusst werden, die das „Ich" uns verschafft, kommen wir der Verwirklichung vom „Nicht-Ich" etwas näher. Denn wir erkennen, wie notwendig es ist diesen Störenfried in uns loszuwerden. Es reicht nicht aus, Probleme zu vermeiden oder zu lösen. Wir müssen die Ursache ausmerzen, sonst werden die Schwierigkeiten immer wiederkommen.

Eigenliebe und Selbsthass – die Kehrseiten der gleichen Medaille! Die Antwort liegt in der Mitte, wo wir ein Gefühl der Sicherheit und einer schmerzfreien Beziehung zu uns selbst erleben können. Wenn wir keinen Schmerz verspüren, ist es viel einfacher, mit anderen zu leben. Wir sollten jeden Tag damit anfangen, für uns selbst warme, liebende, mütterliche Gefühle zu entwickeln. Anfangs reicht es aus, den Geist einfach in diese Richtung zu lenken und mit dem

Herzen in Einklang zu bringen. Herz und Geist müssen in Harmonie sein, damit wir heil werden können. Was wir denken und was wir fühlen, liegt oft meilenweit auseinander, weil wir das Denken als Ersatz für die Gefühle benutzen. Lasst uns Herz und Geist in Einklang bringen, indem wir zu Beginn eines jeden Tages so viel Liebe wie nur möglich für uns selbst aus dem Herzen strömen lassen. Dann entwickeln wir eine freudige Einstellung auf Grund dieser unvergleichlichen Gelegenheit zum Lernen und Wachsen, die uns in diesem Leben beschieden ist.

Wir schauen uns selbst mit den liebenden Augen einer Mutter an und mit dem Verständnis, das eine Mutter für die Entwicklung ihres Kindes hat.

IV.
Unglücklichsein ist unheilsam

Nur im Geist ist die Erleuchtung möglich und jeder von uns hat den Samen der Erleuchtung in sich. Wenn es nicht so wäre, gäbe es keinen Grund, ein spirituelles Leben zu führen. Da dieses Potential in uns allen ist, wäre es weise diesen Samen in uns zu pflegen und zu kultivieren.

Wenn wir unseren Garten bestellen, dort Samen säen und uns um die heranwachsenden Pflanzen kümmern, sie pflegen und hegen, können wir eines Tages auch die Früchte ernten. Dazu werden wir sicherlich den Garten wässern, das Unkraut ausreißen und aufpassen, dass die Insekten nicht unsere Pflanzen zerstören. Wir halten also unseren Garten in Ordnung so gut wir eben können. Gäbe es keinen Samen, wäre es dumm, das Grundstück überhaupt zu bearbeiten. Wie schwer wir auch arbeiten würden, wir würden uns umsonst bemühen. Da es aber Samen gibt, besteht die Möglichkeit, Früchte zu ernten.

Dasselbe gilt für unseren Geist. Auch hier ist der Samen der Erleuchtung vorhanden, der irgendwann einmal Früchte tragen kann. Und natürlich ist auch hier Unkraut in uns vorhanden, das Unkraut des falschen Denkens, das auf dem Konzept unserer persönlichen Bevorzugungen und Abneigungen aufgebaut ist. Wir nähern uns Menschen, Erfahrungen, Situationen mit der Absicht, in irgendeiner Weise davon profitieren zu wollen. Jedoch müssen wir einmal unser Anspruchsdenken aufgeben, dass wir ein Recht darauf haben, immer das zu bekommen, was wir wollen. Weder die anderen Menschen noch Situationen oder Erfahrungen sind dazu da, unsere Erwartungen zu befriedigen. Sie existieren einfach. Ob sie einen Vorteil für uns haben oder nicht, ob sie unser Ich unterstützen oder nicht, was macht das für einen Unterschied? Unser Geist mit seinem üppigen Wachstum der „Daseinsbegierde" nähert sich allem von der Warte aus: „Was habe ich davon?" Solange wir unsere Einstellung nicht ändern, werden wir ständig enttäuscht sein.

Wir haben einen Geist, der sowohl *Saṁsāra* als auch *Nibbanā* enthält, ebenso wie Glück und Unglück in ihm zu finden sind. Wir haben die Wahl, wollen wir wirklich glücklich sein? Warum entscheiden wir uns dann nicht für das, was für uns zuträglich ist – was uns zufrieden macht? Es ist alles ständig für uns da – warum entscheiden wir uns nicht für das Heilsame? Alles, was wir für unser eigenes Glück und das anderer Menschen brauchen, ist in unserem Geist bereits anwesend. Obwohl jedoch alles vorhanden ist, wählen Menschen immer wieder das aus, was keinen Vorteil bringt. Der Grund dafür ist, weil die meisten Menschen keine Erfahrung darin haben, geistige und emotionale Wahlen zu treffen. Könnten wir das aber nicht erlernen, hätte es keinen Sinn zu meditieren.

Wenn alles vorherbestimmt wäre, in ein Schema eingefroren lange bevor es geschieht, wäre das Fatalismus. Der Buddha bezeichnete das als eine grundverkehrte Ansicht. Wenn das stimmen würde, müsste man sich nicht darum bemühen, ein ehrlicher und anständiger Mensch zu sein. Man bräuchte am Morgen nicht aufstehen, wir könnten genauso gut im Bett bleiben. Wir haben jedoch die Wahl. Wir können am Morgen aufstehen oder im Bett bleiben. Wir können uns selbst davon überzeugen, ob der frühe Morgen eine gute Zeit zum Meditieren sei oder wir können uns einreden, wie dumm es wäre früh aufzustehen und es vorziehen, im Bett zu bleiben. Wir können uns zu beidem überreden und müssen daher eine Wahl treffen. Und vor dieser Wahl stehen wir ständig. Wir können mit massiven Situationen konfrontiert werden, wo uns jemand beleidigt, bestiehlt, uns zu verletzen oder zu verleumden versucht. In solchen Momenten fühlen wir uns dazu berechtigt, uns deswegen niedergeschlagen zu fühlen. Warum? Wir haben doch die Wahl – keiner zwingt uns dazu, uns durch widrige Umstände unglücklich machen zu lassen. Wir können erkennen, dass wir unseren Geist ändern können. Je öfter wir uns für heilsame Reaktionen wie Gleichmut oder Liebende Güte entscheiden, desto mehr gewöhnt sich der Geist daran, sich glücklich zu fühlen. Je öfter wir uns für das Negative entscheiden, desto häufiger wird unser Geist unglücklich sein. Je mehr Ärger wir uns selbst gestatten, desto mehr Ärger ist in unserem Geist vorhanden. Es ist wirklich ganz einfach, wir brauchen nur die richtigen Denkmuster in unserem Geist zu entfalten. Dies erleichtert uns dann die Meditation, die uns wiederum die Tür zum Durchbrechen der Ich-Illusion öffnet.

Obwohl wir vielleicht wissen, dass das „Ich" eine Illusion ist, hat diese Tatsache vielleicht noch keinen wirklichen Eindruck auf uns gemacht. Zwischen dem bloßen Wissen und dem Erleben besteht ein großer Unterschied. Solange wir noch versuchen, irgendwo in der Welt Halt und Sicherheit zu finden, sei es durch Reichtum, Ruhm, Freundschaft, Wissen, Verstehen oder irgendetwas anderes, werden wir von Widrigkeiten bedroht. Wonach sucht denn jeder? Nur nach einem: Nach Glück! Wir wollen Liebliches sehen und hören, gutes Essen und Bequemlichkeit. Aber können wir das wirklich ständig erleben oder kann es eine Form des Glücks geben, die nicht von unseren Sinnen abhängig ist? Eine innere Stimme mag uns zuflüstern, dass Glück eigentlich auf Reinheit begründet sei und dass Unglück eine Verunreinigung sei. Doch wenn wir davon zum ersten Mal hören, ruft das im Allgemeinen Erstaunen hervor und oft auch Ablehnung. Die meisten Menschen fühlen sich recht oft unglücklich und wollen ein so großes Ausmaß an Unreinheiten nicht zugeben. Aber wie könnten Kummer und Trübsal eine Tugend sein? Wenn wir uns aufgrund des Leids anderer unglücklich fühlen, gibt es nur eine Art, damit umzugehen, indem wir versuchen das Leid da zu lindern, wo wir dazu in der Lage sind. Sonst hat unser Kummer Gefühlsduselei zur Folge, die das klare Denken nur vernebelt.

Als der Ehrwürdige Ananda am Totenbett des Buddha stand und weinte, tadelte ihn der Buddha. Der Kummer war ein Zeichen dafür, dass der Ehrwürdige Ananda noch nicht erleuchtet war, dass das Anhaften in ihm noch nicht erloschen war. Der Buddha sagte zum Ehrwürdigen Ananda: „Komm' Ananda, warum weinst du? Weinst du, weil dieser alte Körper sich endlich auflöst?" Der Ehrwürdige Ananda erwiderte: „Ich weine, weil mich mein Lehrer verlässt."

Kummer entsteht aufgrund von Widerstand und Ablehnung, es geht darum gewisse Dinge loswerden zu wollen. Widerstand und Ablehnung sind Formen von Ärger, der letzten Endes nichts anderes als Hass ist. Dieser wird uns immer wieder heimsuchen, weil nichts je so sein wird, wie wir es uns wünschen. Wenn wir meinen, in der Welt Erfüllung, Vollkommenheit und Befriedigung zu finden, haben wir das *Dhamma*, die Wahrheit, noch nicht erkannt. Das bedeutet nicht, dass wir unzufrieden sein müssen. Oft können die Dinge auch neutral sein. Wir können essen, trinken, schlafen, verdauen, reden, still sein, sehen, hören, schmecken, riechen, berühren und denken. Wo können wir Befriedigung oder Unzufriedenheit finden? Es gibt nichts zu finden, alles ist so, wie es ist.

Geboren werden und sterben manifestiert sich nicht nur im Moment unserer Geburt und unseres Todes. Jeder Gedanke, jedes Gefühl entsteht und stirbt von Augenblick zu Augenblick. Das ist alles, was wir im menschlichen Bereich finden können. Wenn wir vollkommene, unveränderliche Befriedigung suchen, werden wir sie nicht finden. Es gibt aber etwas, was wir suchen sollten, die dahinterliegende absolute Wirklichkeit, *Paramattha Dhamma*, die keine Persönlichkeit, keine Identität in sich trägt.

Wie können wir das finden? Wenn wir in der Meditation konzentriert werden, können wir einmal reines Bewusstsein erleben. In diesem Augenblick wird uns klar, dass es nichts auf der Welt gibt, das uns hinzugefügt oder weggenommen werden kann. Die Möglichkeit, dies kennenzulernen liegt in unserem Bewusstsein, das wir dahin richten können, wohin wir wollen. Wir können in diesem Augenblick unser Bewusstsein nach Hause lenken und denken, dass wir gerne dort wären, wo all unsere Freunde sind. Wo immer unser Bewusstsein hingeht, dorthin werden auch unsere Gedanken gehen.

Es wäre sinnvoll, wenn wir unser Erkennen darauf ausrichten, dass wir versuchen zu verstehen, wie die Welt tatsächlich von allem leer ist, von dem wir dachten, es sei bedeutungsvoll. Wir können es uns ersparen, unser Bewusstsein darauf zu richten, was wir noch gerne hätten, das uns glücklich machen soll. Das haben wir bereits viele Male ohne Erfolg versucht.

Wir sind alle intelligente Menschen und doch hat keiner höchstes weltliches Glück gefunden. Immer glauben wir, wir hätten irgendeinen Fehler gemacht. Doch wenn wir unsere Gedanken auf die allem zu Grunde liegende Wahrheit lenken und zwar, dass es nichts in der Welt gibt, das irgendeine Substanz enthält, können wir tatsächlich höchstes Glück finden.

Innerhalb der kontinuierlichen Bewegung von Geburt und Tod, des Entstehens und Vergehens, gibt es keinen feststehenden Punkt, an dem wir uns festhalten könnten. Es wird uns dann auch klar, dass Erfüllung nicht von außen kommen kann, sondern innen gefunden werden muss. Wir brauchen nicht nach etwas zu suchen, was es wert wäre zu wissen, sich anzueignen oder zu besitzen. Das können wir in uns selbst erleben, wenn wir meditieren. Wenn wir uns der Pause zwischen den Atemzügen oder zwischen den Gedanken bewusst werden, erkennen wir, dass es nichts anderes gibt als nur dieses Erkennen. Nichts! Warum lenken wir unsere Achtsamkeit nicht darauf? Der Geist wird sagen: „Nichts? Vielleicht kann ich doch noch etwas finden. Ich suche noch und will nicht mit leeren Händen zurückkommen." Sterne, Mond, Sonne, Wolken, Hunde, Katzen, Vögel, Fische, Lotusblumen, was könnte es sein? Menschen, Kinder, Erwachsene? Onkel, Mütter, Väter? Wen können wir uns aussuchen, damit er uns Vollkommenheit bringe? Sicherlich können wir vieles erforschen in der Welt; es wird allerdings eine Illusion bleiben, dass wir das „Höchste" in weltlichen Bedingungen finden könnten, wenn wir es nur richtig anpacken.

Dukkha verschwindet, wenn wir nichts mehr wollen und nichts finden, das es wert wäre zu begehren. Ist das *Dukkha* vergangen, haben wir nicht mehr die Qual der Wahl, denn wir sind frei von Wünschen und tragen einzig und allein Glück und Frieden in uns. Doch wenn wir noch beides in uns erleben, Glück und Unglück, sollten wir erkennen, dass dies durch Ablehnung entsteht. Entweder bekommen wir nicht, was wir wollen oder wir bekommen, was wir nicht wollen. Die Dinge in der Welt stimmen nicht mit unseren Vorstellungen überein oder wir machen unser Glück von einem Stern da draußen abhängig. Manchmal glauben wir, dass unser Glück in einer mysteriösen Person liegen könnte, die wir bis jetzt noch nicht getroffen haben. Wie könnte irgendein anderer Mensch, der selbst *Dukkha* erfährt und ohne Kernsubstanz ist, uns jemals Glück bringen? Genau wie alles in der Natur entsteht, geboren wird und stirbt, wie Bäume, Blumen, Vögel, Katzen und Hunde entstehen und vergehen, so entstehen auch wir, werden geboren und sterben. Obwohl wir darüber sprechen können, gibt es absolut keinen Unterschied zwischen uns und ihnen. Es ist unsere übersteigerte „Ich"-Bezogenheit, die erklärt, dass wir die „Krone der Schöpfung" wären.

Weil wir logisch denken können, glauben wir, wir wären anders. Doch wenn wir wirklich scharfsinnig überlegen würden, warum sollten wir auch nur einen Augenblick unglücklich sein? Das ist nicht sehr vernünftig, nicht wahr? Wir sollten durch unsere meditative Arbeit verstehen lernen, dass der Geist diesen Ballast nicht mit sich herumzuschleppen braucht. Solange der Geist mit Neigungen und Abneigungen belastet ist, wird er *Dukkha* erfahren.

Wir sind mit einem Gepäckträger vergleichbar, der viele schwere Koffer trägt. Wir tragen diese Last mit uns herum, weil wir daran glauben, dass es so sein muss. In der Meditation können wir Augenblicke großer Leichtigkeit erleben, ohne irgendeine Beschwernis. Warum tragen wir dann das Gepäck im Alltag mit uns herum? Wir brauchen es nicht bei uns zu haben, weil es nichts von Wert enthält, sondern mit Koffern vergleichbar ist, die mit Ziegeln gefüllt sind. Wenn wir Wertvolles bei uns hätten, wäre es doch sehr schade, dass wir ständig alle unsere Gedanken verlieren und sie kaum je wieder zurückbekommen.

Wenn wir einen einzigen Augenblick der Leichtigkeit in der Meditation erleben, wo uns kein geistiges Gepäck beschwert, sollte uns das sicherlich dazu anspornen weiterzumachen. Innere Leichtigkeit anstatt Hoffnungen und Sorgen in die Zukunft oder dem Anhaften an der Vergangenheit, wird dann die Quelle von Zufriedenheit sein.

Ambhapali war eine Prostituierte zur Zeit des Buddha und Angulimala ein Mörder, beide wurden erleuchtet. Hätten sie an der Vergangenheit gehangen, hätten sie niemals Freiheit erlangen können. Menschen haften oft an weniger bedeutsamen Dingen an. Sie hängen daran, was jemand gesagt hat oder was sie geantwortet haben, was sie getan oder nicht getan haben. Das menschliche Theater ist absurd. Warum machen wir das alles? Die Antwort lautet, wenn wir keine innere Freude haben, mit der wir unser „Ich" unterstützen können, dann müssen wir es wenigstens mit Kummer und Leid unterstützen.

Ohne Projektion in die Zukunft oder Anhaften an die Vergangenheit könnten wir tatsächlich geistig vollkommen unbelastet sein. Wenn wir einen Augenblick all das fallenlassen, erkennen wir, dass wir mit einer vollkommen unnötigen, erschöpfenden, geistigen Übung beschäftigt waren. Wir haben die Wahl im Geist. Meditation zeigt uns diese Wahl. Wenn wir wissen, dass Unglücklichsein uns schadet, dann können wir uns entscheiden, die Sache anders anzupacken. Wir können unser Unglücklichsein im Hinblick auf Begehren und Loslassen überprüfen und müssen da nicht mehr einsteigen. Dann werden wir zu den wenigen Menschen in der Welt gehören, die immer glücklich sind.

V.
Aufgeben, was aufgegeben werden muss

Weises Erwägen gegen Gier

1. Einsicht
2. Überwindung
3. Rechter Gebrauch
4. Ertragen
5. Vermeiden
6. Loslassen
7. Entwickeln

Die *Āsavas* sind tief verwurzelte Triebe, die wir im Allgemeinen nicht in uns erkennen. Wir halten unsere Illusionen für selbstverständlich, weil wir daran gewöhnt sind. Manchmal bekommen wir eine dunkle Ahnung davon, wenn unsere Begierden auf eine Barriere in einem anderen Menschen stoßen. Diese unterschwelligen Unreinheiten sind so tief in uns verwurzelt, dass wir nicht einmal sicher sind, ob sie existieren, bis wir anfangen ernsthaft zu praktizieren.

Wenn unsere Wünsche nicht befriedigt werden, denken wir entweder, dass ein anderer Schuld hat, es sich um ein Missverständnis handelt oder dass die anderen Menschen recht seltsam sind. Dass jedoch das Begehren von uns ausgeht und auf dasselbe in unseren Mitmenschen trifft, ist ohne starke Aufmerksamkeit schwer zu erkennen.

Der erste unserer tief verwurzelten Triebe ist das Verlangen nach sinnlicher Befriedigung. Das ist die innewohnende Gier, nur angenehme Erlebnisse haben zu wollen. Jeder, der sich noch nicht um einen spirituellen Übungsweg bemüht hat, wird sagen: „Warum sollte ich es nicht angenehm haben wollen?" Der Grund ist, dass wir keine Garantie dafür haben, angenehme Sinneskontakte zu bekommen und wenn unsere Bemühungen fehlschlagen, folgen Kummer und Leid. Und selbst, wenn wir sie bekommen, können sie nicht andauern. Es ist ein aussichtsloses Bemühen, in das die ganze Welt verstrickt ist. Obwohl es nicht möglich ist, versucht jeder ständig, das zu bekommen, was er möchte, weil wir aufgrund der „Ich"-Illusion Begehren nach angenehmen Gefühlen in uns verspüren.

Unser zweiter Wesenszug ist der Daseinstrieb. Wir wollen nicht umgebracht, vernichtet oder herabgesetzt werden. Wir wollen hier sein und es so bequem wie möglich haben.

Der dritte Trieb ist die Unwissenheit, die die Grundlage für alle unsere Schwierigkeiten bildet. Wir ignorieren die Tatsache, dass die anderen beiden Begierden niemals befriedigt werden können und dass die Wahrheit jenseits davon liegt.

Diese drei Begehren bestimmen jeden gewöhnlichen Menschen. Durch die Unwissenheit wird jeder von dem Begehren nach angenehmen Empfindungen getrieben und will dasein. Das Ergebnis davon ist, dass wir körperlich und emotional voll unterstützt werden wollen. Das will jeder, notfalls auch auf Kosten des Umfeldes und unsere Reaktionen sind von diesen Begehren durchdrungen. Jetzt sollte uns klar werden, warum Menschen im Umgang miteinander immer Schwierigkeiten haben.

Wenn wir einmal erkennen, dass uns diese Geisteshaltung immer wieder Probleme und Schwierigkeiten bringt, sollten wir akzeptieren, dass das Begehren nach Vergnügen und Bequemlichkeit nicht pausenlos befriedigt werden kann. Es ist bestimmt kein lohnendes Ziel, ein ganzes Menschenleben dafür zu verwenden. Wenn wir unseren Daseinstrieb betrachten, können wir leicht einsehen, dass es aussichtslos ist, sich Überleben als Lebensziel vorzunehmen. Sein ganzes Leben auf das Überleben auszurichten, wäre sinnlos und töricht – das hat noch nie jemand geschafft.

Dennoch liegen diese zwei Begehren all' unserem Tun zugrunde. Wenn wir erkennen können, dass sie nicht nützlich sind, werden wir uns dafür interessieren, wie wir sie loswerden können. Die meisten Menschen sehen keine Alternative und sind sich nicht bewusst, dass diese Geisteshaltung unser ganzes Unglück verursacht. Ob das Unglück, Frustration, Langeweile, Ärger, Sorgen, Angst, Neid oder Eifersucht genannt wird, spielt keine Rolle. Alles ist auf diesen beiden Begierden aufgebaut, mit Unwissenheit als Fundament.

Wenn wir die Tatsache, dass wir ohne diese Begierden glücklicher wären, deutlich in uns erkannt haben, interessieren wir uns vielleicht dafür, wie wir sie aufgeben können. Dazu hat der Buddha sehr klare Anweisungen gegeben.

Der erste Schritt der Praxis ist „Einsicht". Man richtet die Achtsamkeit in eine Richtung, wo das Verlangen nach Sinnesbefriedigung nicht automatisch aufsteigt oder stärker wird. Wir sollten auf die Vorstellung verzichten, wie es wäre, wenn wir eine Schiffsreise auf einem Luxusdampfer machten oder an der Riviera badeten oder in einem erstklassigen Restaurant essen würden. Aus solchen Vorstellungen erwachsen verstärkte Begierden nach angenehmen Sinneseindrücken. Wenn der Geist genügend Nahrung dieser Art bekommt, wird er schließlich versuchen, diese Wünsche zu verwirklichen, was einen Energieaufwand in die falsche Richtung bedeutet. Anstatt sich zu überlegen, wo wir angenehme Sinneskontakte bekommen können, was nichts anderes als Begehren ist, können wir diese Energie dazu verwenden, die absolute Wahrheit zu erkennen. Das verursacht keinen Kummer, weil *Dukkha* nicht persönlich, sondern universell ist. Jeder hat es, niemand ist extra dazu auserkoren. Natürlich geben wir unserem eigenen *Dukkha* einen besonderen Namen und spezielle Ursachen. Es ist interessant, dass dies alles Einbildung ist. Es gibt keine speziellen Gründe und kein besonderes *Dukkha*. Die Ursache ist immer Begehren. „Einsicht" bedeutet, unsere Wünsche anzuschauen, die nicht befriedigt sind oder nicht die erhofften Annehmlichkeiten gebracht haben. Das lässt uns erkennen, dass wir zwar versuchen können, unsere Wünsche zu erfüllen, dass aber dadurch keine vollkommene Zufriedenheit gefunden werden kann. Dies ist die direkte Erfahrung der

Wahrheit von *Dukkha* und seiner Ursache. Die dritte Edle Wahrheit ist, dass es einen Weg heraus gibt. Aber wir können den Weg weder dadurch finden, dass wir alles bekommen, was wir wollen, noch dadurch, dass wir mehr Annehmlichkeiten und Komfort oder mehr Anerkennung und Lob, mehr Ich-Unterstützung haben. Einzig und allein durch das Loslassen von Wünschen und Verlangen kommen wir heraus, aus all unserem Leid.

Der Buddha erwähnte verschiedene Arten des unweisen Erwägens. Es ist zum Beispiel nicht sinnvoll sich auf vergangene oder zukünftige Leben zu konzentrieren oder ob wir ein Ich oder kein Ich haben. Sind wir uns des Ichs oder des Nicht-Ichs bewusst? All das unterstützt die Ich-Illusion. Es wäre besser, sich damit zu beschäftigen, warum wir unglücklich sind. Vielleicht können wir feststellen, dass wir immer dann unzufrieden sind, wenn wir etwas wollen. Je stärker unsere Ich-Illusion ist, desto mehr Kummer erleben wir. Natürlich ist es schwierig, das zu erkennen, weil wir keinen anderen Zustand kennen und uns nicht vorstellen können, dass andere Menschen anders empfinden. Wir glauben eventuell, dass sie gute Miene zum bösen Spiel machen oder einfach Glück haben. Aber in Wirklichkeit ist es so:

je stärker das Ich ist, um so mehr will es und um so mehr *Dukkha* hat es. Dieser Zusammenhang ist zwar leicht zu verstehen, aber schwierig zu ändern. „Einsicht" bedeutet, dass man den Geist ständig von allen Vorstellungen und Ideen wegholt und ihn fest auf den Boden der augenblicklichen Wirklichkeit richtet. Wenn wir *Dukkha* objektiv wahrnehmen, heißt das nicht, dass wir voller *Dukkha* sind, sondern dass wir es bewusst wahrnehmen. Wir nehmen eine selbstbeobachtende, objektive Haltung ein, die die Dinge sieht, wie sie wirklich sind und nicht wie wir sie gerne hätten. Wenn wir Einsicht in das Naturgesetz bekommen, dann wird eines Tages alles so sein, wie es gut für uns ist, nur anders als wir es uns vorgestellt haben.

Es gibt sechs weitere Wege, um an dem Schwinden unserer tiefverwurzelten Makel zu arbeiten. Unsere Probleme werden wir nicht los, indem wir nach dem Glück streben, sondern indem wir alte Gewohnheitsmuster aufgeben. Der erste Schritt wäre, sich der Reaktionen auf unsere Sinneskontakte bewusst zu werden. Wir bekommen durch unsere sechs Sinne (Sehen, Hören, Schmecken, Riechen, Tasten, Denken) automatisch Berührungskontakte. Die darauf folgenden Gefühle sind ebenfalls automatisch, aber unsere

Reaktionen auf die Gefühle sind willkürlich. Gerade am Anfang der Meditationspraxis werden wir die Reaktionen nicht immer verhindern, aber hin und wieder ist es bestimmt möglich. Wir können unsere Verhaltensmuster ändern, indem wir auf ein Gefühl nicht reagieren, indem wir es weder habenwollen noch ablehnen. Damit machen wir den ersten großen Schritt in die Freiheit. Dies benötigt die Objektivität der Achtsamkeit und unsere ungeteilte Aufmerksamkeit. Wenn wir mehr und mehr praktizieren wird es, wie bei allen Wiederholungen, leichter. Das ist der vom Buddha empfohlene Weg der „Überwindung".

Der nächste Schritt ist „Rechter Gebrauch". Diese Übungen dienen dazu, dass wir uns für tiefe Einsichten öffnen können, indem wir Gleichmut in uns entwickeln. Wir sollten uns des Unterschieds zwischen einem Bedürfnis und einem Wunsch bewusst sein. Der Buddha sagte, dass es nur vier Dinge gäbe, die man wirklich brauche: Essen, Kleidung, Unterkunft und Medizin. Alles weitere ist zusätzlich. Wir können überprüfen, ob wir wirklich unsere Besitztümer zum Nutzen anderer gebrauchen, oder ob wir sie nur haben, damit sie uns angenehme Gefühle verschaffen. Es ist eine gute Übung, einmal im Monat seine Sachen durchzusehen und unbenutzte Dinge weiter zu verschenken. Es handelt sich nicht darum, gar nichts zu besitzen, sondern darum, sich auf das Wesentliche zu beschränken. Es gibt immer Möglichkeiten, die eigenen Besitztümer zum Wohle anderer Menschen zu verwenden. Die wichtigste Erwägung ist, ob wir bereit sind, alles in diesem Moment wegzugeben. Wir sollten uns nicht nur vorstellen, ob wir es tun könnten, sondern sofort damit anfangen. Wenn uns der Tod ereilt, müssen wir alles, auch uns selbst, aufgeben. Das Leben ist unsicher, aber der Tod ist ganz sicher – jederzeit! Der rechte Gebrauch von Dingen bedeutet, kein starkes Anhaften am eigenen Besitztum zu haben, man ist sich bewusst, dass alles nur geliehen ist. Man weiß, dass alle Dinge für eines jeden Wohl geschaffen sind und dass es keinen Grund gibt, selbst mehr zu besitzen. Dies ist eine andere Art, nochmals zu erkennen, dass angenehme Sinneskontakte nicht wirkliches Glück bringen können. Im Gegenteil: Am Ende bescheren sie nichts als Unruhe.

In unserer wohlhabenden Gesellschaft gibt es angenehme Sinneskontakte wie Sand am Meer. Diese Sinneskontakte sind überall, zu jeder Zeit erhältlich, man muss nur dafür zahlen können. Und dennoch: Wie viele Menschen kennen wir, die wirklich glücklich sind? Sie können alle angenehme Sinneskontakte immer wieder bekommen und haben sie wahrscheinlich schon ihr ganzes Leben gehabt. Das ist nicht die Lösung. Der Weg zur Freiheit beinhaltet „Überwindung" und „Rechten Gebrauch".

Ein weiterer Schritt ist, schlechte Gesellschaft und schlechte Plätze zu meiden, Orte, wo angenehme Sinneskontakte angeboten werden, wo Menschen kein Interesse am *Dhamma* haben. „Schlechte Gesellschaft" sind diejenigen, die keine wirkliche Sehnsucht nach spirituellem Wachstum haben. Es gibt viele Menschen auf der Welt, die glauben, sie würden praktizieren. Sie meditieren vielleicht, rezitieren oder bringen Blumen dar, lesen *Dhamma*-Bücher oder haben philosophische Diskussionen. Es bleibt jedoch an der Oberfläche. Es ist natürlich besser als überhaupt kein Interesse daran zu haben, aber es dringt nicht bis zum Grund der menschlichen Probleme vor. Wenn es das tun würde, müssten diese Menschen inzwischen sehr glücklich geworden sein. Wenn man jedoch nachforscht, haben sie genauso viele Schwierigkeiten wie jeder andere auch. Die Wahrheit hat ihren Geist nicht durchdrungen. Die Triebe sind die tiefste Schicht, in der unser ganzes Sein spürbar wird. Solange unser Begehren dort verankert ist, sind wir Teil der Existenz und das bedeutet *Dukkha*.

Die dritte Art unserer Wandlung ist das Vermeiden solcher Kontakte, bei denen sinnliches Verlangen und angenehme Sinneskontakte die Hauptsache sind. Im Allgemeinen kennt die Welt keine Alternativen und betrachtet die Sinneskontakte als das Wichtigste. Das ist die zugrundeliegende Unwissenheit, die die falsche Ansicht vom „Ich" verursacht.

Überwindung der Reaktion auf angenehme Sinneskontakte ist die eine Seite der Medaille, Durchhaltevermögen, das Aushalten der unangenehmen Sinneskontakte, ist die andere. Wenn eine unangenehme Empfindung auftaucht, zum Beispiel bei der Sitzstellung in der Meditation und es fühlt sich recht unbehaglich an, so ist es eine gute Übung durchzuhalten. Niemand kann erwarten, dass er Zeit seines Lebens ohne Schmerzen sein wird. Ertragen bedeutet, dass wir lernen, unter solchen Schmerzen nicht zu leiden. Je öfter wir durchhalten, desto disziplinierter wird unser Geist. Der ungeübte Geist wird jedesmal aufgewühlt, wenn etwas Unangenehmes geschieht. Als unangenehm empfindet man Dinge, die man nicht mag oder wenn etwas Angenehmes verschwindet, das man gerne behalten möchte. Diese Wogen im Geist sind die Irritationen, ein Mangel an Frieden. Sie verursachen ein Gefühl der Unruhe und

Unsicherheit. Ertragen kann auch durch emotionelles Unbehagen geübt werden. Wenn wir in der Lage sind, eine unangenehme Situation auszuhalten, so ist das wiederum ein Weg, von den Reaktionen Abstand zu nehmen. Und das hat eine Verminderung des Begehrens zur Folge.

Der nächste Punkt ist „Vermeiden" beziehungsweise „Loslassen, Fallenlassen". Wenn wir mit Ärger, Kummer, Wollen oder Ablehnen, Neid oder Stolz, Sorgen oder Furcht reagieren, sollten wir unsere Verhaltensmuster erkennen und lernen, sie fallenzulassen. „Vermeiden" bedeutet nicht, Gefühle zu unterdrükken. Man kann nichts vermeiden, was man sich nicht vorher eingestanden hat. Dieser Vorgang des Loslassens ist einer der wichtigsten Aspekte des spirituellen Reifens. Die Lehre des Buddha kann keinen tiefen Eindruck in uns hinterlassen, wenn wir sie nicht praktizieren. „Loslassen" heißt, nicht anzuhaften, unsere Gedanken und Gefühle nicht zu besitzen. Wenn wir jedem Gedanken und jedem Gefühl glauben, an ihnen kleben, wie es der Geist gerne tut, dann ist „Loslassen" nicht möglich. Wir können nicht etwas loslassen, von dem wir meinen, dass es uns gehört. Wenn wir glauben, dass es „Ich" bin, der denkt oder fühlt, wie können wir das fallenlassen? Aber wenn es nur ein Gedanke oder ein Gefühl ist und die Objektivität der Achtsamkeit ganz klar das Unheilsame oder Unnütze aufzeigt, dann ist „Loslassen" möglich. Wenn wir Begehren, Ablehnungen und Widerstände fallenlassen können, dann haben wir angefangen zu praktizieren.

Der Buddha hat gesagt, dass die spirituelle Arbeit nicht äußerlich, sondern nur innerlich stattfinden kann. Wir können andere Kleidung tragen, unsere Haare abschneiden, die ganze Nacht aufbleiben, nur einmal am Tag essen, aber solange keine innere Veränderung stattfindet, sind diese Übungen vergebens getan. Wir selbst müssen einsehen, dass unsere Begehren einzig und allein innerlich zu finden sind. Sie sind nicht in der Kleidung oder im Essen oder im Wachsein. Vermeiden und Loslassen sind die wichtigsten Aspekte unserer Läuterungsarbeit. Dies gilt genauso für die Meditation. Wenn wir das diskursive Denken nicht vermeiden oder loslassen, können wir nicht meditieren. Wenn wir sagen: „Ich hatte eine schlechte Meditation," so bedeutet das nur, dass es uns nicht möglich war, die Gedanken loszulassen. Sie waren weiterhin ständig am Kommen und Gehen. Wenn wir im täglichen Leben von unheilsamen Gedanken und Emotionen loslassen, stärkt das die Meditation. Lernen wir dasselbe in der Meditation, hilft es unserem täglichen Leben.

Der letzte Schritt ist die „Entwicklung", die sich auf die Meditation bezieht. Die Entwicklung des Geistes, die letztlich die Entfaltung der sieben Erleuchtungsfaktoren zur Folge haben kann. Achtsamkeit ist hier der erste dieser sieben Faktoren und ohne sie gibt es keine Praxis. Nur der entwickelte Geist hat die Stärke und Klarheit, um die Erleuchtungsfaktoren zur Reife zu bringen. Solch ein Geist wird auch gewissenhaft praktizieren wollen, weil er weiß, dass beständige Wachsamkeit, Bewusstheit und „Selbst"-Befragung nötig sind. Nur ein klarer und starker Geist ist willig und in der Lage, dies zu tun.

Eine spontane Untersuchung aller Phänomene, *Dhammas,* im Hinblick auf ihr Entstehen und Vergehen, ihre absolute Unbeständigkeit, ist oft die Folge. Alles, was existiert ist eine Erscheinung, es gibt nichts anderes. Wenn wir so reflektieren, beschäftigen wir uns mit „Weisem Erwägen". Wir können dies sowohl bei der Meditation als auch im täglichen Leben tun. Wenn der Geist in der Meditation konzentriert geworden ist, ist es wesentlich, dass wir das Entstehen jedes Gedanken und auch dessen Verschwinden erleben.

Diese Untersuchung wird uns sehr dabei helfen, einen ruhigen Geist zu entwickeln, der die Dinge in ihrem wahren Wesen erkennen kann. Wenn Achtsamkeit und Einblick in der Meditation geübt worden sind, so dass sie ein starkes Fundament bilden, dann ist Platz für Entzücken, Freude und Ruhe in uns. Dies wird schließlich in vollkommenen Gleichmut übergehen. Dies sind alles notwendige Schritte, die wir unternehmen müssen, so dass der Pfad der Praxis nicht nur die Meditation verbessert, sondern auch das ganze Innenleben verändert. Natürlich hat Meditation viel damit zu tun, aber sie ist nicht alles. Es gibt auch impulsive Reaktionen und Konfrontationen, wenn keine anderen Menschen beteiligt sind, selbst bei Kleinigkeiten, wie zum Beispiel unseren Mahlzeiten. Wir werden mit uns selbst konfrontiert, wenn wir müde oder hungrig, gelangweilt oder unzufrieden sind. Wenn wir bei diesen Verhaltensmustern keine Weisheit anwenden, bleibt es schwierig, eine andere Wirklichkeit zu erkennen. Wenn wir bei unseren täglichen Erfahrungen Innenschau halten, verändert sich unsere Sichtweise.

Dies ist ein langsamer Prozess und während er abläuft, veringern sich die *Āsavas,* Triebe. Sie verschwinden erst bei einem vollkommen Erleuchteten, einem *Arahant*. Durch spirituelle Praxis werden die Triebe nach und nach schwächer. Am Anfang ähneln sie einer Flut, dann werden sie zu einem sich windenden Fluss und letztlich zu einem Rinnsal. Die Praxis besteht darin, dass wir aus der Flut ein Rinnsal machen, dann kann dieses eines Tages auch völlig austrocknen. Die Entwicklung des Geistes setzt die Erkenntnis voraus, dass Begehren uns nur schadet. Nur dann werden wir die nötigen Schritte zum inneren Frieden unternehmen.

VI.
Da alles leer ist,
wo kann sich der Staub dann niederlassen?

Hui-Neng war der sechste Zen-Patriarch. Als der fünfte Zen-Patriarch alt geworden war, suchte er einen Nachfolger. Er ließ bekanntgeben, dass jeder Mönch in seinem Kloster eine kleine Abhandlung oder ein Gedicht über die Essenz der Lehre des Buddha schreiben solle. Sein Lieblingsschüler, der als am fortgeschrittensten galt, nahm ein Stück Kreide und schrieb an die Wand:

> *„Unser Körper ist der Bodhi-Baum,*
> *und unser Geist der klare Spiegel.*
> *Stunde um Stunde reinigen wir sie sorgfältigst,*
> *damit sich kein Staub niederlassen kann."*

Hui-Neng war zu der Zeit ein junger ungebildeter Küchenjunge. Er hörte von dem Schreiben an der Wand und bat jemanden, daneben zu schreiben:

*„Es gibt keinen Bodhi-Baum,
noch einen Platz des klaren Spiegels.
Da alles leer ist,
wo kann sich der Staub dann niederlassen?"*

Der Lehrer sah diese beiden Darstellungen und erklärte Hui-Neng als seinen Nachfolger. Hui-Neng, der bis dahin kaum Unterweisungen bekommen hatte, wurde später als Mönch ordiniert. Mit der Zeit wurde er ein sehr berühmter Zen-Meister, dessen Lehrreden in der Plattform-Sutta gesammelt sind.

Die beiden obigen Aussagen erinnern an die Brahmajala-Sutta. Das Staubwischen des Spiegels ist die Läuterung der Tugend. Das Beseitigen des Staubes der Verunreinigungen hielt der Lieblingsschüler für das Wichtigste. Die Tugenden und Moralität des Buddha sind in der Brahmajala-Sutta als seine große Errungenschaft erwähnt, jedoch erwiderte der Buddha, dass sie nur eine Kleinigkeit wären.

Das ist genau, was der fünfte Patriarch erkannte, als er Hui-Nengs Darstellung der Ersteren vorzog. Gewiss sind Tugend und Läuterung für den spirituellen Weg unentbehrlich. Wir müssen den Staub vom Spiegel unseres Herzens und unseres Geistes entfernen, damit wir klar sehen können. Obwohl der Satz des ersten Schülers vollkommen richtig ist, macht er jedoch nicht die Essenz der Lehre aus, sondern ist nur der Anfang. Der Buddha sagte darüber: „Es ist eine unbedeutende Angelegenheit, eine kleine Sache und nur ein Weltling würde mich deswegen rühmen." Nur jemand, der *Nibbāna* noch nicht selbst erlebt hat, würde diesen Punkt für wichtig halten. Es zeigt uns, dass der Schüler, der das Gedicht über das Staubwischen des Spiegels formulierte, ein Weltling war, der *Nibbāna* noch nicht erkannt hat. Sonst hätte er nicht das als die Essenz der Lehre angegeben. Es beschäftigt sich nur mit dem Reinigungsprozess, obgleich dieser natürlich wichtig ist. So wie wir unsere Hütten und Gehwege, weiße Kleidung und Roben, Meditationshalle und Badezimmer säubern und pflegen, so sollten wir uns auch darum bemühen unser Herz und Geist zu reinigen. Es ist ein unerlässlicher, vorbereitender Schritt für spirituelle Erkenntnisse.

„Da alles leer ist, wo kann sich der Staub dann niederlassen?" Nachdem der Buddha in der Brahmajala-Sutta alle falschen Anschauungen der Menschheit beschrieben hat, zum Beispiel Ewigkeits- und Vernichtungsansichten – insgesamt sprach er von zweiundsechzig Ansichten, erklärte er wiederholt, dass ein befreites Wesen weder die unangenehmen Gefühle hasst, noch die angenehmen begehrt. Das bedeutet, solange ein Spiegel existiert, wird sich unvermeidlich Staub darauf absetzen, solange da nämlich ein „Ich" ist, wird es immer Reaktionen haben. Wenn wir auf unsere Gefühle reagieren, wissen wir, dass wir Weltlinge sind. Solange da irgendwelche Reaktionen auf Gefühle sind, fängt das „Ich" den Staub ein.

Es gibt nur zwei Arten der Reaktion und sie können stark oder schwach sein: Es gibt entweder das Wollen und Genießen der angenehmen Gefühle oder den Widerstand und die Ablehnung der unangenehmen. Wir merken schnell, dass übertriebene Reaktionen uns leidenschaftlich in etwas Angenehmes oder Unangenehmes verwickeln. Über das eine werden wir dann weinen, klagen oder ärgerlich werden und bei dem anderen denken und träumen wir ständig davon oder haben Verlangen nach angenehmem Ersatz, wenn das Gewünschte uns versagt bleibt.

Der Weltling, der *Nibbāna* nicht selbst erlebt hat, wird auf Gefühle reagieren und aufgrund des Ich-Spiegels wird sich der Staub des Verlangens absetzen. Sicherlich hat noch keiner einen Spiegel gesehen, der nicht schmutzig wurde. Das ist nicht möglich. So ist die Natur des materiellen Universums und dasselbe gilt für das spirituelle Universum. Solange es ein „Ich" gibt, wird es Unreinheiten haben. Es geht einfach nicht anders. Daher zeigt die Lehre des Buddha den einzigen Weg heraus aus Kummer und Leid, indem wir die „Ich"-Illusion verlieren. Solange im Inneren etwas sagt: „Das bin ich," müssen Schwierigkeiten, Staub und Unreinheit aufkommen. Es gibt keinen Spiegel, auf dem sich nicht Staub ansammelt und es gibt kein „Ich", das nicht Unreinheiten ansammelt. Daher kann der Buddha sagen, seine Tugend sei eine unbedeutende Angelegenheit. Der erste Schüler, der sagte: „Wische den Staub ab," hat den Geist der Lehre nicht erfasst und wurde als *Dhamma*-Erbe nicht akzeptiert.

Wir können den Spiegel immer wieder polieren, so wie wir die Hütten und Gehwege fegen, die Bäume beschneiden, uns duschen und unsere Kleidung waschen, doch alles wird immer wieder verschmutzen. Die Lösung der Probleme liegt woanders. Die Erkenntnis des Buddha ist die eines Genies, eines spirituellen Giganten. Er ist der einzige Meister, der lehrte, dass Loswerden des Spiegels der Weg zur Befreiung ist. Man kann den Spiegel ja doch nicht sauberhalten. Warum dann den Spiegel überhaupt behalten? Niemand hat es je so klar und deutlich auf diese Weise formuliert. Die Anweisungen des

Buddha zielen darauf, uns einen Übungsweg aufzuzeigen, wie es möglich ist, den Spiegel des „Ichs" loszuwerden. Denn in Wirklichkeit existiert dieser gar nicht, sondern ist eine Illusion des Geistes. Um die Vorstellung einer individuellen Persönlichkeit loszuwerden, müssen wir diesen Aspekt immer wieder betrachten. Solange wir glauben, dass es einen Spiegel gibt, den wir polieren müssen, werden wir ihn selbstverständlich weiter sauberhalten müssen. Das Märchen „Des Kaisers neue Kleider" stellt diesen Zusammenhang sehr schön dar. Solange wir glauben, dass er die Kleider trägt, werden wir ausrufen: „Wunderschön, wunderschön!" Erst wenn wir feststellen, dass er in Wirklichkeit überhaupt keine Kleider anhat, werden wir die nackte Wahrheit erkennen. Wenn es einen Spiegel gibt, werden wir ihn natürlich auch reinigen wollen, weil er häufig schmutzig erscheint und so muss es auch sein.

So praktiziert ein Weltling das spirituelle Leben. Immer wieder arbeiten wir an unseren Reaktionen, an unseren Leidenschaften, unseren Ablehnungen und Widerständen. Sie mögen an Kraft verlieren und weniger häufig auftauchen, aber sie können nicht völlig verschwinden. Was wir aber verlieren können, ist die „Ich"-Illusion und dann gibt es nichts, wo sich der Staub absetzen könnte, niemand, der reagieren kann und nichts auf das wir reagieren. Das ist eine geniale Lösung des menschlichen Problems, die einzigartig ist und nur von dem Buddha in dieser Klarheit formuliert wurde.

Zerschlagen wir den Spiegel, kommen wir natürlich der Antwort auch nicht näher. Was bleibt uns, wenn wir den Spiegel zerschlagen? Nichts außer Scherben und Stücke, ein Spiegel, in den wir nicht einmal mehr hineinschauen können. Es ist nutzlos, auf das „Ich" einzuschlagen, es zu unterdrücken oder ihm zu sagen, es solle weggehen. Es nicht zu beachten ist auch ein beliebter Zeitvertreib, der nicht funktioniert. Solange die Vorstellung einer eigenständigen Persönlichkeit in uns existiert, wird sich der Staub der Verunreinigungen in uns ansammeln.

Wie kommen wir aus diesem Kreislauf heraus? Eine gute Methode ist es achtsam zu sein, auf sich selbst aufzupassen und in sich nachzuforschen. „Wer handelt, denkt oder fühlt?" Wenn die Antwort „Ich" sein sollte, können wir einmal untersuchen: Wer oder was ist dieses „Ich"? Woher kommt es? Weil wir daran denken? Können wir die Gedanken auch loslassen? Natürlich können wir das. Wir brauchen uns einfach dazu entschließen: „Ich will diesen Gedanken nicht, ich will einen anderen." Ständig sind wir mit dem Problem des Anhaftens an Gefühle, Gedanken und Körper konfrontiert und identifizieren sie mit uns. Durch permanentes Untersuchen kann die Fessel gelockert werden und wir bekommen etwas Distanz vom „Ich", dadurch ist es leichter, Einsichten zu gewinnen.

Solange es zwischen „mir" und „meinen" Gedanken keine Separierung gibt, sind wir mit „unseren" Gedanken identifiziert und können nichts erkennen. Als ob wir in den Spiegel schauen. Wenn wir zu dicht davor stehen, können wir nichts sehen. Zum richtigen Erkennen brauchen wir genügend Abstand. Je öfter wir nachfragen: „Wer denkt, wer fühlt, wer handelt", desto mehr wird diese enge Beziehung gelockert. Dann haben wir den entsprechenden Freiraum für eine ungehinderte Sicht.

Ein weiterer Zugang, die Ich-Illusion zu durchschauen wäre, sich daran zu erinnern, dass alles unbeständig und veränderlich ist. Jedesmal wenn ein Gefühl aufsteigt, das uns reagieren lässt, können wir uns seine Unbeständigkeit bewusst machen. Achtsamkeit bedeutet, dass wir objektiv und unbeteiligt beobachten, was in uns vorgeht. Das können wir auch üben, wenn wir kein umfassendes Wissen vom

Dhamma haben, die Einsichten kommen durch eigene Erfahrung und eigenes Erleben. Der Buddha sagte, dass Achtsamkeit der Weg zur Befreiung sei, so dass wir eines Tages ganz klar erkennen können:

> *Es gibt die Tat, aber keinen Täter,*
> *es gibt das Leiden, aber keinen Leidenden,*
> *es gibt den Pfad, aber niemanden,*
> *der ihn beschreitet,*
> *es gibt Nibbāna,*
> *aber niemanden, der es erreicht.*

Wenn wir eine leise Ahnung vom „Nicht-Ich" Zustand bekommen, können wir dieses Gefühl in uns kultivieren, gleich einem Samen, den wir in uns zum Wachstum bringen. Haben wir eine erste Idee davon, dass die ganze Vorstellung des „Ich" eine Täuschung sein könnte, sollten wir das immer wieder überprüfen, damit es mehr und mehr Realität in uns annimmt. Dann sind wir dabei, die falsche Vorstellung von uns als eigenständige Persönlichkeit zu verlieren und das genau ist die Essenz des *Dhamma*.

Die rechte Anschauung auf dem spirituellen Weg gibt uns den zum Praktizieren notwendigen Antrieb. Betrachten wir uns auf die übliche Art und Weise, so wie das jeder ungeübte Geist tut, dann können wir leicht vom Pfad abrutschen. Es handelt sich ja um „mich", für den das Training nicht so komfortabel ist und „ich" könnte eventuell woanders mehr Vergnügen haben. Die rechte Ansicht von uns selbst erlaubt diese Art der Verwirrung nicht, denn inzwischen haben wir erkannt, dass es nur darum geht den Spiegel, auf dem sich immer wieder Staub ansammelt, aufzugeben.

Alles, was existiert, muß gereinigt werden. Nur wenn nichts mehr Substanz hat, gibt es nichts mehr zu säubern. Was für eine Erleichterung das wäre! Überhaupt kein Reinigen, kein Waschen, kein Fegen, keine Reaktionen, nur noch vollkommene Reinheit und Stille. Dann gäbe es nichts, worüber wir uns sorgen müssten oder was uns Angst machen würde, nichts was Schuldgefühle hervorrufen kann oder was wir tadeln wollten, nichts was wir bedauern oder erhoffen würden. Alles ist so, wie es ist! Solange es einen Spiegel gibt, wird sich Staub ansammeln. Wenn der Spiegel verschwunden ist, wo kann sich der Staub niederlassen?

VII.
Nichts Besonderes

Spirituelle Praxis wird oft missverstanden und als etwas Besonderes angesehen. Das ist es aber nicht. Es geht einfach darum, unseren Körper und Geist kennenzulernen, also um Selbsterkenntnis – etwas Selbstverständliches. Manche Menschen glauben, sie seien spirituell, wenn sie Meditation oder Rituale, Andacht oder Rezitationen praktizieren. Oder es mag für uns mit einem bestimmten Menschen verbunden sein, ohne den die Praxis nicht stattfinden kann. Dies sind Ansichten und Meinungen, die uns auf dem Weg nicht weiterbringen. Diese Haltung führt dazu, dass wir unsere Persönlichkeit in mehrere Identifikationen spalten: zum Beispiel in den gewöhnlichen Menschen, der die alltäglichen weltlichen Aufgaben verrichtet und in den, der zu bestimmten Zeiten auf verschiedene Art und Weise spirituell wird. Meditation, Rituale, andächtige Übungen, Rezitationen, bestimmte Plätze, gewisse Menschen können für unser Leben wichtig sein, aber sie sind nicht der Kern wahrer

Spiritualität. Unsere Praxis besteht aus ständiger Läuterung, um nichts anderes geht es auf dem spirituellen Weg. Eines Tages kommen wir zu dem Punkt, wo unsere Geistesregungen und Gefühle nicht nur gut und liebevoll, sondern auch voller Weisheit sind, zum Wohl für uns und andere. Das wäre vielleicht ein Ziel für unser Leben. Um jedoch zu diesem Ziel zu kommen, müssen wir genau wissen, wo wir uns jetzt befinden. Wie könnten wir sonst die Reise beginnen? Viele Menschen drehen sich in ihrer spirituellen Praxis im Kreis, weil sie entweder übertriebene oder minderwertige Vorstellungen von ihrem eigenen Wert haben. Beide Extreme sind einem gründlichen Erkennen von uns selbst abträglich.

Wir müssen damit anfangen alles zu untersuchen, was uns inneres Unbehagen bereitet. So können wir uns vorstellen, dass wir auf einem Kissen sitzen und dass unsere Beine anfangen zu schmerzen. Unser Unbehagen wird allmählich größer und größer. Wie gehen wir damit um? Versuchen wir die Situation zu verändern oder ertragen wir sie? Im Allgemeinen versuchen wir, körperlichem Unbehagen zu entfliehen, zumindest möchten wir es lindern beziehungsweise so schnell wie möglich loswerden. Wie steht es mit geistigem und emotionellem Unbehagen? Was könnte dem an Wichtigkeit gleichkommen und warum fühlen wir uns oft so unwohl? Niemand fühlt sich in einem unordentlichen, schmutzigen Haushalt wohl. Dasselbe gilt für unseren inneren Haushalt, wenn ihn unheilsame Regungen verschmutzen, die da wären: Widerstand, Ablehnung, Ängste, Bedrohung, Sorgen über Vergangenheit oder Zukunft. So können wir uns nicht wohl fühlen. Nur wenn wir erkennen, dass wir es selbst sind, die für das eigene Unbehagen verantwortlich sind, ist der Zugang zur Veränderung offen. Solange wir glauben, dass andere Menschen, Situationen oder Mangel an Anerkennung, Lob oder Liebe schuld an unseren Probleme sind, praktizieren wir noch nicht richtig.

Wir müssen einen Ausgangspunkt finden, damit wir wissen, wo wir momentan stehen. Und den finden wir in uns selbst. Dazu benötigt man allerdings ernsthafte Entschlossenheit spirituell zu wachsen. Wir müssen voll engagiert sein und nicht nur für die wenigen Stunden der Meditation oder für vereinzelte Momente, in denen wir uns daran erinnern. Wenn wir permanent an uns arbeiten, wird der ganze Mensch geläutert. Wir dürfen uns nicht mit einem Lippenbekenntnis zufriedengeben, unsere Bemühungen müssen ehrlich sein. Alles Unbehagen in uns, aller

Kummer, alle Angst oder Sorgen, sind von uns selbst geschaffen. Erst wenn wir uns für diese Wahrheit öffnen, ist unser Herz bereit für Veränderung. Das Akzeptieren und Erkennen von unseren unheilsamen Emotionen verändert unsere Innenwelt, weil wir nun anfangen können, unser Leben bewusster zu lenken. Bis dahin fühlten wir uns als hilflose Opfer widriger Umstände. Wir können nicht die Welt oder andere Menschen verändern. Solange wir dies zwar glauben, aber nicht tun, haben wir uns noch nicht dem spirituellen Wachstum hingegeben. Wir können sogar meditieren, aber es werden sich kaum Resultate in unserem Leben zeigen. Den einzigen Menschen, den wir ändern können, sind wir selbst und damit verändern wir die Welt um uns herum.

Es beginnt mit innerer Sanftheit, Weichheit und Geschmeidigkeit. Indem wir die Menschen und Situationen um uns herum akzeptieren wie sie sind, werden wir offener und freier. Sollten wir unsere eigenen Ideen und Standpunkte beibehalten wollen und weiterhin ständig dieselben Lebensbereiche gern haben oder ablehnen, haben wir für unsere inneren Reaktionen noch nicht genügend Sensibilität entwickelt. Sanftheit, Akzeptieren und Einfühlungsvermögen können viel Schmerz verursachen. Das ist ein Teil der spirituellen Praxis. Es wäre falsch, diese Erfahrungen abzulehnen, nur weil sie schmerzhaft sind. Wenn wir uns ein Bein brechen, müssen wir es auch operieren lassen, damit es wieder in Ordnung kommt – obwohl es schmerzt.

Da jeder von uns die sechs Wurzeln von Gier, Hass und Verblendung sowie deren Gegenteil, Großzügigkeit, Liebe und Weisheit in sich trägt, manifestiert sich ununterbrochen eine von diesen in uns. Liebe und Hass, Gier und Großzügigkeit sind gleichmäßig in den meisten Menschen verteilt. Verblendung ist der zugrundeliegende Faktor all' unserer geistig-emotionellen Aktivitäten; und Weisheit ist rar.

Wir hassen tatsächlich selten jemanden, weil er abscheulich ist, sondern eher weil unser innerer Hass ein Ventil sucht. Dies ist eine der vielen Absurditäten der Menschheit und nur sehr wenige Menschen sind sich dieser einfachen Tatsache bewusst, die unser ganzes Leben verändern könnte. Wenn wir hassen, tun wir das nicht, weil irgendetwas hassenswert wäre, sondern nur, weil sich Hass manifestieren will.

Wenn wir etwas ablehnen oder hassen, schaden wir uns damit zuerst selbst, denn wir sind derjenige, der unglücklich ist. Dieses negative Gefühl ist wie ein Stachel, den wir benutzen möchten, um andere zu verletzen, aber er sticht den anderen erst, wenn dieser ihn festhält. Dies ist ein Naturgesetz und so einfach, dass die meisten Menschen es total übersehen. Wir gehen mit einer Messlatte durchs Leben: Rechts ist alles, was wir gern haben und links ist alles, was wir ablehnen. Gewisse Eigenschaften und Merkmale sind unserer Meinung nach immer entweder gut oder schlecht. Manchmal funktioniert es nicht ganz auf diese Art und Weise, jedoch wollen wir unsere Richtmuster ungern deshalb aufgeben. Das ist keine angenehme Art zu leben. Man kann dabei nicht glücklich werden, weil es unmöglich ist, nur Menschen und Dinge zu finden, die man mag. In keiner Existenz ist Vollkommenheit zu finden und so hat man mit dieser Art der Reaktion wenig Hoffnung auf Glück und Frieden. Es ist erstaunlich, dass die meisten Menschen das nicht wissen. Viele haben schon davon gesprochen und darüber geschrieben, aber es bleibt immer wieder ein Thema für die spirituelle Praxis und nicht für den Alltag.

Zusammenfassend kann man sagen: Erstens sollten wir wissen, dass wir selbst für alles, was in uns hochkommt, verantwortlich sind. Zweitens können wir uns ändern, da wir erkennen, dass Abneigungen, Hass, Ängste und Sorgen nur uns selbst unglücklich machen. Veränderung erfordert „Ersetzen mit dem Gegenteil". In dem Fall kommt uns das Meditationstraining zu Gute, indem wir ständig bereit sein müssen, unsere Gedanken mit der Achtsamkeit auf den Atem zu ersetzen. Für jemanden, der nicht meditiert, ist das Ersetzen eines Gedankens mit einem anderen ein unbekannter Vorgang. Einen unheilsamen Gedanken mit einem heilsamen Gedanken auszutauschen, ist für Menschen, die nichts von spiritueller Praxis wissen, eine recht unglaubwürdige Idee. Alle neigen dazu, zu glauben, was sie denken. Dass niemand sonst so denkt, kommt uns nicht in den Sinn.

Der nächste wichtige Schritt bei unserem Reifungsprozess wäre das Erkennen unseres eigenen *Dukkha*. Das ist jedoch nicht immer so einfach wie es klingt. Wenn wir, wie jeder Mensch, *Dukkha* haben, neigen wir dazu, jemanden oder etwas als Ursache zu beschuldigen. Gründe für unser Leid gibt es unzählige. Wir können mit Menschen beginnen und mit Situationen weitermachen. Die Möglichkeiten zum Beschuldigen sind unbegrenzt. Solange wir die Schuld für unsere Schwierigkeiten in den äußeren Umständen suchen, haben wir noch keine Verantwortung für uns selbst übernommen. Wir können aber *Dukkha* auch auf spirituelle Art und Weise betrachten. Es gehört zum Menschsein dazu und ist eine universelle, nicht eine persönliche Wahrheit. Wenn wir jedoch unsere schmerzlichen Gefühle ablehnen und es nicht akzeptieren wollen, dass unser eigener Geist der Übeltäter ist, dann halten wir nach einem Sündenbock Ausschau. Das ist ein sehr populärer Zeitvertreib und passende Sündenböcke gibt es unzählige. Wenn wir uns klar machen, dass wir unser eigenes *Dukkha* selbst verursachen, sind wir wieder auf dem spirituellen Pfad. Wenn wir unser eigenes *Dukkha* ablehnen, hassen wir gleichzeitig und das beschert uns zweifaches *Dukkha*.

Benutzen wir die Einsicht, dass alles *Dukkha* in uns selbst begründet ist, ist es möglich zu erkennen, welches Unbehagen Ablehnung und Hass in uns erzeugt. In dem wir diese Empfindungen in uns akzeptieren, können sie sich wandeln – sei es durch Loslassen, sei es durch Ersetzen. Schließlich steigt ein Gefühl des Wohlbefindens in uns auf, ohne das die Meditation nicht gedeihen kann.

Dies alles sind fundamentale Aspekte von uns selbst, die wir untersuchen und erleben müssen. Spirituelle Praxis betrifft unser ganzes Sein, das Erforschen unserer Reaktionen, das Entwickeln von Sensibilität, Offenheit gegenüber anderen und die

Haltung, die Dinge so zu nehmen, wie sie eben sind. Wir fangen an zu erkennen, dass es gewisse notwendige Lernsituationen in unserem Leben gibt und wenn wir von ihnen nicht Gebrauch machen, werden wir wieder mit dem Gleichen konfrontiert werden. Wenn wir auf unser Leben zurückblicken, können wir vielleicht ähnliche Erlebnisse erkennen, die sich schon oft wiederholt haben. Sie werden noch solange wiederkommen, bis wir unsere Einstellung zu ihnen verändert haben.

Spirituelle Praxis bedeutet nicht, dass wir nur auf einem Kissen sitzen, sondern ist vielmehr eine Öffnung des Geistes für das, was sich tatsächlich im Inneren abspielt. Wenn sich diese Offenheit in dem Moment, wo wir uns vom Kissen erheben, wieder schließt, haben wir nicht wirklich meditiert. Es handelt sich nicht so sehr darum, wie lange wir auf dem Atem oder den Empfindungen mit Achtsamkeit verbleiben können, sondern vielmehr darum, wie bewusst und wach wir sind. Dann können wir diese Wachheit bei unseren alltäglichen Reaktionen und Denkvorgängen benutzen. Descartes behauptete: „Ich denke, also bin ich." Tatsächlich ist es genau umgekehrt: „Ich bin, also denke ich." Wenn wir nicht eine gewisse Ordnung in unsere Gedanken und die darauffolgenden gefühlsmäßigen Reaktionen bringen können, wird unser Geist ständig Chaos in unser Innenleben bringen.

Haben wir die Ursache unseres *Dukkha* erkannt, sollten wir verstanden haben, dass Ablehnung oder Sorgen *Dukkha* nicht verschwinden lassen. Einzig durch das Loslassen der Wünsche verschwindet *Dukkha*, und das bedeutet, alles so zu akzeptieren, wie es ist. Sich selbst zu akzeptieren hat zur Folge, dass wir auch andere akzeptieren können. Die Schwierigkeiten mit anderen Menschen kommen daher, dass sie uns einen Spiegel vorhalten, in dem wir unsere eigenen Fehler sehen können. Wie nützlich ist es doch, so einen Spiegel zu haben. Wenn wir mit anderen zusammenleben, können wir uns selbst in ihnen spiegeln. Und eines Tages sind wir wie Milch und Wasser, welche sich vollkommen miteinander verbinden. Es liegt bei jedem von uns, diese Verbindung zu ermöglichen. Wenn wir darauf warten, dass andere es tun, arbeiten wir nicht an unserem Wachstum. Das ist keine einfache Arbeit, aber sie ist absolut notwendig. Dann können wir genügend inneres Wohlbefinden verspüren, um unser Bewusstsein zum Verstehen der Universalität zu erweitern.

Die Welt dort draußen ist sehr geschäftig und wir werden von unwesentlichen Angelegenheiten eingefangen. Die Welt innen ist auch sehr geschäftig, aber wir können etwas dagegen tun. Wir können sie beruhigen, um klarer zu sehen. Der Weg der spirituellen Praxis ist nichts Besonderes, nur unser ganzer Körper und Geist – unser ganzes Sein.

VIII.
Spirituelles Wachstum

Unsere Meditation muss eine Richtung haben, sonst verlaufen wir uns im Gestrüpp unseres Geistes. Unsere Richtung ist Einsicht, die zur Befreiung führt. Wie können wir Einsicht erlangen und wie können wir sie benutzen? Einsicht kann auch „erkanntes Erleben" genannt werden.

Jeder Mensch, jedes lebendige Wesen, macht ständig die Erfahrung der Unbeständigkeit, der Vergänglichkeit. Dennoch wird diese Wahrheit nicht ganz verstanden und auf sich selbst bezogen. Deshalb ist es nicht möglich, daraus Nutzen zu ziehen. Im Gegenteil, die meisten Menschen versuchen, die Vergänglichkeit zu verschleiern, sie zu vergessen oder zu ignorieren. Das gilt für jeden von uns, weil wir die Unbeständigkeit solange nicht wirklich sehen wollen, bis wir ihre Bedeutung ganz begriffen haben. Wenn wir nicht unsere ganze Aufmerksamkeit auf sie lenken, haben wir keinen echten Bezug zu ihr, ist die Unbeständigkeit aller Existenz nicht Teil unseres Erlebens. Es gibt weder Gedanken, Gefühle, körperliche Empfindungen, noch Bewegungen oder Handlungen, oder irgendwelche Augenblicke, die bestehen bleiben. Alles geht uns ständig verloren und wandelt sich. Wir erfassen nicht die Bedeutung dieses offensichtlichen Geschehens, dem wir die ganze Zeit unterworfen sind, sondern lassen es an uns vorbeiziehen, ohne es zu beachten. Nur wenn etwas sehr Unangenehmes passiert, fällt es den meisten wieder ein und man ist froh über die Unbeständigkeit: „Wie wunderbar ist es doch, dass alles vorübergeht!" denken wir dann. Aber das ist natürlich nicht der günstigste Moment, um sich der veränderlichen Natur aller Erscheinungen bewusst zu werden. Wenn etwas Angenehmes aus unserem Leben verschwindet, dann wäre es sinnvoll zu erkennen, wie machtlos wir diesem unerbittlichen Naturgesetz gegenüberstehen.

Das Erleben der Unbeständigkeit in uns selbst muss vollkommen erkannt sein, damit eine neue Einstellung zum Leben entstehen kann. Nur dann können wir von Einsicht sprechen. Diese innerlichen Veränderungen durch Einsicht sind keine dramatischen Umwälzungen, sondern eher langsame und sanfte Entwicklungen, die am Ende eine vollständige Wandlung beinhalten.

In der Meditation bezieht sich erkanntes Erleben nicht nur auf das Erkennen der Unbeständigkeit. Es gibt andere, genauso wertvolle Erfahrungen, aber keine davon kann als Einsicht bezeichnet werden, wenn sie nicht zu einem inneren Wissen wird. Und das bedeutet, dass sich unser Leben grundlegend ändern wird. Dieses Wissen entsteht aus der stillen Betrachtung, nachdem die Meditation vorüber ist. Während der Meditation findet das Erleben statt und anschließend sollten wir die Bedeutung des Erlebten für unser Leben erkennen. Nur dann können wir unsere Handlungen mit unseren Einsichten in Einklang bringen.

Einsichten sind wahrheitsgemäß und richtig, wenn wir sie in unserem Leben anwenden können. Als Beispiel: Während der Meditation mögen wir klar erkannt haben, dass wir der Eigentümer unseres *Karmas* sind, verantwortlich für alles, was uns geschieht. In dem Moment ist es erkanntes Erleben. Aber es wird nur Früchte tragen, wenn wir auch danach handeln. Das heisst, wir sollten uns konsequenterweise dafür entscheiden von jetzt an möglichst wenig schlechtes *Karma* zu machen. Auf diese Weise findet spirituelles Wachstum statt. Wir nehmen das meditative Erleben als Auslöser und handeln so oft danach wie es unsere Achtsamkeit erlaubt. Das lässt die neue Einsicht zum Teil unseres Seins werden. Durch diesen allmählichen Prozess werden wir uns langsam zu einem anderen Menschen verändern.

Wenn so eine Veränderung stattfindet, sehen wir vielleicht ganz klar, dass es nirgendwo ein bleibendes Wesen gibt, denn das altbekannte „Ich" erscheint nun anders. Das ganze spirituelle Leben dreht sich darum, uns selbst zu verändern. Manchmal erkennen wir sicherlich, dass es niemanden gibt, der ein solides Wesen wäre, dass es nur Aktion und Reaktion gibt. Unser erkanntes Erleben wird nicht von welterschütternder Bedeutung sein, sondern wird uns vielmehr zeigen, wie wir uns im täglichen Leben benehmen und wie wir den spirituellen Pfad praktizieren sollen.

Befreiung von allem *Dukkha* kann durch das Herz und durch den Geist erfolgen. Wenn wir von Befreiung durch den Geist beziehungsweise durch Weisheit sprechen, dann basiert das auf Einsicht, die wir durch die direkte Erfahrung der Unbeständigkeit erlangen. Wenn wir von der Befreiung des Herzens sprechen, beziehen wir uns auf die Erweiterung unserer Gefühle in eine allumfassende, nie schwankende Liebe und in unendliches Mitgefühl. Welchen Weg uns unsere Einsicht führt, spielt keine Rolle. Es liegt in den unterschiedlichen karmischen Vorbedingungen begründet, die wir in dieses Leben mitgebracht haben.

Ganz offen zu sein bedeutet, an nichts anzuhaften, weder an Ansichten noch an Meinungen, noch an vorgefassten Ideen oder Ängsten. Es ist eine totale Hingabe von uns selbst an das Erleben. Sicherlich braucht das Übung und Zeit, aber jede einzelne Meditation bringt uns Erleben. Ob es körperlicher Schmerz oder Langeweile ist, Ablehnung oder Ruhe, Verzückung oder Ärger, irgendetwas muss zwangsläufig passieren. Wenn gar nichts ablaufen würde, hätten wir ja nur dahingedöst.

Wenn unsere Negativitäten als Hindernisse verstanden werden, nicht als persönliche Katastrofen, dann müssen wir nicht auf sie reagieren und haben gleichzeitig Einsicht erlangt. Wenn positive Erlebnisse wie Ruhe, Glück oder Frieden im Lichte der Unbeständigkeit untersucht und als „bedingt entstandene Zustände", die nicht befreien, erkannt werden, dann haben wir wieder etwas Weisheit erlangt. Alle Zustände, die auf Bedingungen beruhen, müssen unbeständig sein, weil die jeweilige Bedingung, wie in diesem Fall die Konzentration, nicht andauern kann. Einsicht bleibt uns dagegen und wir können unser

Verstehen durch Wiederholung vertiefen. All' unsere früheren Gedanken, Handlungen und Reaktionen haben die Persönlichkeit geschaffen, die wir in diesem Moment sind. Wir haben die enorme Aufgabe, diese tief verwurzelten Geisteszustände loszulassen, die wir uns in unzähligen Leben zur Gewohnheit gemacht haben. Wir können jedoch auch Geisteszustände wiedererwecken, die unsere Einsichten in die absolute Wahrheit zum Inhalt haben. Wenn wir diese Gedanken so viel und so oft wie möglich rekapitulieren, werden sie uns schließlich zur zweiten Natur. Dadurch verändern wir unsere Natur und indem wir das tun, sind wir auf dem Weg zur Befreiung – der größten Veränderung überhaupt.

Jedes persönliche Erlebnis, während oder außerhalb der Meditation, kann zu neuem Verständnis führen, aber nicht in Form von weltlichem Wissen, sondern als Einsicht in die spirituelle Wahrheit. Wenn wir alles, was geschieht, im Lichte einer zugrundeliegenden absoluten Wirklichkeit betrachten, jenseits weltlicher Bewertungen, sind wir auf spirituelles Wachstum ausgerichtet. Alle Geschehnisse, die Teil unseres täglichen Lebens sind, können dann als Resultate von Konditionen, die in unserem Geist-Kontinuum vorherrschen, angesehen werden. Sie haben weder eine eigene Persönlichkeit, noch müssen wir in sie verwickelt werden. Wir können in der Meditation üben, jede Art von Erlebnis, jeden Geisteszustand, jedes Gefühl einfach als Bedingung zu betrachten in der kein „Ich" existiert. Das bedeutet, dass wir nur Erscheinungen sehen, deren Aufkommen und Verschwinden, ihre unbefriedigende Natur und ihre bedingte Existenz.

In der Praxis ist es wichtig, beide Arten des Zugangs zu benutzen, nämlich die Öffnung des Herzens und die Öffnung des Geistes, weil wir dadurch unsere Möglichkeiten erweitern. Wir haben den Geist, der versteht, und das Herz, das fühlt. Verständnis kommt durch objektive Achtsamkeit und die Erweiterung des Herzens geschieht durch wiederholte Anteilnahme und Liebe. Beide Wege zusammen bieten die beste Chance für unser Wachstum, weil wir dabei alle unsere Fähigkeiten ins Spiel bringen.

Selbst die weltlichsten Erfahrungen eignen sich für Einsicht, weil Geist und Körper von dieser Welt sind und unsere Grundlage für die Innenschau bilden. Wir brauchen keine Erfahrung einer anderen vorzuziehen. Solange wir hellwach und vollbewusst sind, können wir aus allen Situationen lernen. Unser Ausgangspunkt ist genau da, wo wir jetzt sind und eines

Tages werden wir unser Wissen in Erleben umwandeln können. Das mag die schwierigste, aber auch die lohnendste aller Erfahrungen sein.

IX.
Das Herz als Quelle des Bewusstseins

Der Geist, *Citta,* besteht aus Gefühlen, Wahrnehmungen, geistigen Formationen (=Gedanken) und Sinnesbewußtsein, so dass es gerechtfertigt ist, dass wir entweder „Geist" oder „Herz" dazu sagen. Wenn wir von Bewusstsein sprechen, so meinen wir meistens Erkennen. In der erklärenden Terminologie des Buddha wird das Herz als Grundlage des Bewusstseins beschrieben. Dies widerspricht unserer üblichen Annahme, dass Denken die Grundlage unseres Bewusstseins sei. Es macht das Gefühl zum Mittelpunkt all unserer Erfahrungen.

Wenn unsere Gefühle geläutert, liebevoll, mitfühlend, hilfreich und großzügig sind, dann ist unser zugrundeliegendes Bewusstsein dem entsprechend. Hier herrscht eine Zufriedenheit, die ganz von unserer Innenwelt abhängig ist. Wir wissen auch, dass wir nicht friedlich reagieren können, wenn wir ärgerlich, aufgeregt oder ängstlich sind. In solchen Momenten ist in unserem Bewusstsein kein Raum für Ruhe und Gleichmut. Diese beiden Bewusstseinszustände sind widersprüchlich und schließen sich gegenseitig aus. Wenn wir uns darum bemühen, unsere Emotionen zu meistern, sollten wir unser Bewusstsein auf Glück und Ruhe richten. Wir haben jedoch die Wahl, uns auch für negative und traurige Zustände wie Sorgen, Ängste und Abneigungen zu entscheiden. Es ist derselbe Geist, der entweder positive oder negative innere Zustände schafft. Wenn wir wachsen und reifen wollen, müssen wir der Läuterung der Emotionen größte Bedeutung beimessen. Die gefühlsmäßige Verfeinerung bringt Klarheit ins Denken, was für die Erlangung von Weisheit unerlässlich ist. Glücklicherweise ist unser Geist nicht in der Lage, zwei verschiedene Richtungen gleichzeitig ins Bewusstsein zu rufen, so dass wir uns dafür entscheiden können, nur das Hilfreiche und Heilsame in uns aufsteigen zu lassen.

Wenn wir diese Lektion nicht meistern, werden wir immer Opfer unserer Emotionen bleiben. Das macht unser Leben nicht gerade angenehm. Wir müssen lernen, dass negative Gefühle nichts weiter sind als die Manifestation einer unbeherrschten Herzensquelle. Alles *Dukkha* bedeutet, dass wir die Kontrolle über unsere Reaktionen verloren haben. Es ist ein sehr ermutigender Aspekt der Lehre des Buddha, dass sie verspricht, dass wir Kontrolle über uns selbst erlangen können, wenn wir daran arbeiten.

Ein Bewusstsein, das auf einer geläuterten Herzensgrundlage basiert, öffnet sich für die universellen Wahrheiten, die über die Banalitäten individualisierter Persönlichkeit hinausgehen. Wir haben gehört und gelesen, dass das Selbst oder „Ich" eine Täuschung sei. Solange diese Information nur in unserem Kopf ist, wird das keine großen Veränderungen mit sich bringen. Wir sind sowieso schon mit viel zu viel Wissen angefüllt, wovon das meiste ziemlich nutzlos ist. In dem Maße jedoch, wo wir unsere Herzensgrundlage läutern und uns für den universellen Aspekt von Weisheit öffnen, der uns mit allem Existierenden vereint, wird es unserem Bewusstsein möglich sein, persönliche Reaktionen und Emotionen zu überwinden. Dies ist unsere Hoffnung auf Glück und Frieden.

Was immer im Zusammenhang mit „mir" und „dir" und „uns" und „euch" steht, kann nie ganz zufriedenstellend sein, weil wir alle nicht vollkommen sind. Unser begrenztes und beurteilendes Herz wird nie absolutes Glück bringen, aber die Hinwendung zum Reinen und Schönen in uns und unserer Umwelt wird uns Zugang zum transzendentalen Bewusstsein eröffnen. Dadurch können wir erkennen, dass unsere Emotionen unsere Geisteszustände bestimmen. Wenn diese in den engen Beschränkungen der Dualität und der akzeptierten Realität der Sinneskontakte bleiben, können wir nicht die Geborgenheit innerer Freude und inneren Friedens schaffen, nach der wir uns alle sehnen. Die meisten von uns suchen nicht nach einem ständigen „Hoch", sondern nach einem Gefühl der Zufriedenheit. Finden wir Reinheit im eigenen Herzen, können wir dies auch auf alles um uns herum beziehen. Dem Reinen im Herzen erscheint alles rein.

Das uns bekannte Bewusstsein verändert sich von Augenblick zu Augenblick und ist immer von unseren Gefühlen abhängig. Wir wissen aus eigener Erfahrung, dass unsere Emotionen schon allein von morgens bis mittags viele Male wechseln und unser ganzes Innenleben durch sie ständig anders wurde. Vielleicht sah die Welt frühmorgens ganz angenehm aus und ein paar Stunden später sah sie schrecklich aus. Warum das? Es ist doch dieselbe Welt, nicht wahr? Aber unser Innenleben hat sich verändert. Damit wir unsere Emotionen beherrschen lernen, bedarf es der Innenschau, Ehrlichkeit, mehr Aufmerksamkeit auf unsere Gefühle und der Erkenntnis, dass alles was *Dukkha* schafft, durch unsere Unreinheiten hervorgerufen wird. Dabei ist es weniger wichtig unsere Negativitäten zu erkennen, viel bedeutsamer ist es zu erkennen, dass *Dukkha* nur durch unsere eigenen Reaktionen entsteht.

Wenn wir uns nur bewusst machen könnten, dass jeder von uns eines von sechs Milliarden menschlichen Wesen auf einem kleinen Planeten ist! Und dieser Planet ist ebenfalls ein winziger Punkt in einer Galaxie – der Buddha hatte Einfluß auf zehntausend Galaxien. Vielleicht hilft uns diese Vorstellung, unsere eigenen Wünsche in eine etwas objektivere Sichtweise zu rücken. Die Art und Weise wie wir uns selbst und andere betrachten, steht in keinem Verhältnis zu der Unermesslichkeit aller Existenz. Wenn wir uns damit beschäftigen, in allen Existenzformen die darin enthaltene Unzulänglichkeit zu sehen, wird das eigene Leid dagegen bestimmt belanglos erscheinen. Wir können uns für diese Totalität und Unermesslichkeit immer wieder öffnen. Das ist allerdings nur möglich, wenn unsere Herzensquelle nicht durch die Beschäftigung mit unseren eigenen Problemen und Reaktionen zum Versiegen gebracht ist. Dann können wir an dem Bewusstsein einer schrankenlosen, transzendentalen Wirklichkeit teilhaben. Eines Tages dann erwächst in uns das Gefühl und das innere Wissen, dass es in aller Existenz nichts gibt, was begehrenswert wäre. Zehntausend Galaxien sind nicht begehrenswert, auch nicht hunderttausend – ein Mensch ist es ebenfalls nicht, genauso wenig wie zwei oder drei.

Indem wir unser Gefühlsleben auf diese Art und Weise kultivieren, werden allmählich Resultate zu bemerken sein. Gemütsverfassungen – im Gegensatz zu Gefühlen – werden von den äußeren Umständen beeinflusst – die Reaktion ist ohne Kontrolle. Gefühle wie Liebende Güte, Mitgefühl, Mitfreude und Gleichmut läutern das Herz und machen es sanft, geschmeidig und leuchtend. Negative Emotionen lassen die Herzensquelle zusammenschrumpfen, positive erweitern unser Herz. Nur ein erweitertes Herz kann sich zu der Universalität der Existenz hinbewegen. Wenn das Herz zusammengezogen ist, sieht es nur sich selbst. Wenn wir sehr unglücklich sind, sind wir nicht im geringsten an zehntausend Galaxien interessiert. Wir wollen nur wissen, wie wir aus diesem Unglück herauskommen. Das ist ein verengtes, eingeschrumpftes Bewusstsein. Wenn wir jemanden hassen, der uns verletzt hat, sind wir nicht daran interessiert, dass es sechs Milliarden andere Menschen auf diesem Planeten gibt. Wir sind nur mit unserem eigenen Hass beschäftigt und das hat eine eingeschränkte Herzensgrundlage zur Folge.

Wenn wir lernen unsere ich-bezogenen Reaktionen loszulassen, erweitern wir unsere Herzensquelle und mit ihr unser Bewusstsein. Wir können das mit einer Dehnübung vergleichen. Wenn wir sie oft genug praktizieren, wird sich die Geschmeidigkeit erhalten. In unserem alltäglichen Leben haben wir unzählige Gelegenheiten, an unseren eigenen Reaktionen zu arbeiten und sie zu überprüfen. Indem wir das tun, praktizieren wir das *Dhamma*.

Dem Herzen als Sitz des Bewusstseins muß Fürsorge, Aufmerksamkeit und Anerkennung dargebracht werden. Wenn wir es so erweitern können, dass wir die Wahrheit hinter der Dualität transzendieren und keine Barrieren mehr zwischen uns und dem Rest der Welt aufbauen, werden wir unseren Persönlichkeitsglauben verlieren. Dies verspricht das einzig währende Glück.

X.
Wer bin ich?

Vollkommene Erleuchtung bedeutet, dass wir die falsche Ansicht vom „Ich" entwurzelt haben. Da man allerdings tiefe Wurzeln nicht über Nacht ausgraben kann, wäre es sehr wichtig, gleich mit der Arbeit zu beginnen. Es ist ein langwieriger und schwieriger Prozess, einen großen Baum auszugraben und wir müssen alle verfügbare körperliche Kraft dazu aufbringen. Im Falle des „Ich" müssen wir unsere gesamte geistige Energie aufwenden, um ein so tiefverwurzeltes und weitverzweigtes Wurzelsystem auszugraben, von dem wir total durchsetzt sind.

Durch unsere eigenen Erfahrungen wissen wir, dass unsere Ich-Bezogenheit eine enorme Bürde ist, die das Leben schwierig macht und ständig Spannung verursacht. Sich um dieses schwer definierbare „Ich" zu kümmern, ist ein unnötiger Energieaufwand, da wir die Forderungen des „Ich" kaum jemals befriedigen können. Wir sind ständig auf der Suche nach dem richtigen Menschen, der uns die nötige Beachtung schenken soll. Solche Menschen gibt es nicht, weil sich jeder hauptsächlich um sich selbst kümmert. Das ist eine der Schwierigkeiten in zwischenmenschlichen Beziehungen jeder Art, in Familien, in der Schüler-Lehrer-Beziehung oder in Gemeinschaften.

Zu Lebzeiten des Buddha stritt König Pasenadi mit seiner Frau, Königin Mallika. Er beschuldigte sie, dass sie ein Emporkömmling sei. Sie war durch ihn, obwohl selbst von niedriger Geburt, berühmt geworden und jeder war ihr gegenüber ehrerbietig. Er warf ihr vor, dass sie nur mit sich selbst beschäftigt sei. Obwohl sie ihren Reichtum und ihre Stellung als Königin nur ihm zu verdanken habe, nähme sie es als selbstverständlich hin und fühle sich ihm sogar überlegen. Er war so aufgebracht, dass er überhaupt nicht mehr mit ihr reden wollte. Als nun der Buddha zu Besuch kam, sah er, dass die Königin nicht anwesend war und fragte nach ihr. Der König beschwerte sich bei dem Buddha über seine Frau. Da bat der Buddha darum, Mallika zu rufen und erklärte beiden, dass es ganz menschlich sei, hauptsächlich an sich selbst zu denken. Nachdem der Buddha gegangen war, sagte Königin Mallika zu ihrem Mann: „Wen liebst du am meisten? Dein Land, mich, deine Kinder, deinen Reichtum, deine Position als König oder dich selbst?" Er dachte eine Weile nach und antwortete aufrichtig: „Ich liebe mich selbst am meisten." Dann wandte sich der König an seine Frau und fragte sie: „Wen liebst du am meisten? Deine Kinder, deinen Reichtum, die Menschen im Königreich, mich oder dich selbst?" Er hoffte, dass sie sagen würde, dass sie ihn am meisten liebe. Aber auch sie antwortete, dass sie sich selbst am meisten liebe. Wieder wollte der König nicht mehr mit seiner Frau reden, da er enttäuscht war. Er ging zum Buddha und erzählte ihm von dieser Unterhaltung. Der Buddha sagte: „Jeder liebt sich selbst am meisten, so ist die menschliche Natur." Er empfahl dem König, dass er mit der Königin Mallika Frieden schließen solle, was dieser auch tat.

Solange unser „Ich" noch unversehrt ist, lieben wir es am meisten. Wir werden niemanden finden, der uns so sehr liebt, wie wir uns selbst lieben. Aufgrund unserer Ich-Illusion glauben wir aber, dass es irgendwo doch so jemanden geben müsse. In Wirklichkeit sollten wir diese Suche ganz anders handhaben. Wir sollten nicht versuchen, jemanden zu finden, der uns hilft, die Ich-Illusion aufrecht zu erhalten und sie sogar noch zu unterstützen, sondern lieber jemanden, der uns dabei hilft, sie loszuwerden. Der Buddha und seine Lehre, das *Dhamma*, könnten so eine Hilfe für uns sein.

Wenn wir in unser Herz hineinschauen, erkennen wir die Schwierigkeit, in uns das „Ich" solide und sicher zu verankern. Tatsächlich ist dies eine solche Belastung, dass wir niemals zutiefst glücklich sein können. Wir können angenehm erregt sein, aber vollkommenes Glück ist mit einem „Ich" das ständig Bestätigung braucht, nicht möglich. Dabei reicht es uns sicher nicht aus, wenn wir uns selbst gegenüber versichern, wie wunderbar und klug wir sind. Wir brauchen zumindest einen oder zwei andere Menschen, die diese Ansicht teilen, uns darin bestärken und unterstützen.

Je größer und wichtiger unser Selbstbild erscheint, desto eher kann es umgeworfen werden. Wir glauben oft, dass es Sensibilität wäre, wenn unsere Gefühle leicht verletzt werden. Es bedeutet aber nur, dass wir egozentrisch sind und unser bedrohtes „Ich" beschützen wollen.

Vergeblich bemühen wir uns darum, vollkommene Zufriedenheit in uns selbst zu finden. Weder Befriedigung noch das „Ich" existieren wirklich. Da sich alles von Augenblick zu Augenblick verändert, wo könnte das „Ich" und wo könnte die Befriedigung gefunden werden? Und doch sucht die ganze Welt nach diesen beiden Dingen, was auch ganz vernünftig klingt. Da in einer Persönlichkeit, die an ein „Ich" glaubt, letztendlich keine absolute Zufriedenheit gefunden werden kann, ist auch niemand völlig glücklich. Das kommt nicht unbedingt durch erlebte Tragödien, Armut, Krankheit oder Tod, sondern einfach dadurch, weil die eigenen Wünsche und Sehnsüchte unerfüllt bleiben. Alle Menschen suchen nach etwas, was es nicht gibt. Das ist noch schlimmer als nach einer Stecknadel im Heuhaufen zu suchen. Die Nadel ist wenigstens dort, obwohl sie schwer zu finden ist. Aber Befriedigung und „Ich" sind beides Illusionen, wie könnten sie also je gefunden werden? Sie „hier und dort" zu suchen, hält uns alle auf diesem kleinen Erdball in Bewegung. Würden wir aufhören, nach einer Befriedigung des „Ich" zu suchen, würden wir sofort eine Verminderung der Unzufriedenheit, des *Dukkha*, erleben. *Dukkha* entsteht nur dadurch, dass wir etwas haben beziehungsweise loswerden wollen. Unsere „Ich"-Vorstellung würde auch verkleinert werden, weil das „Ich" nicht mehr ständig im Vordergrund des Geistes steht.

Um an dieses enorme Wurzelsystem, in das wir verstrickt sind, heranzukommen, müssen wir Achtsamkeit anwenden. Die Schwierigkeit wirklicher Achtsamkeit besteht darin, dass wir bald bemerken, dass es keine Persönlichkeit, sondern nur Körper und Geist gibt. Es ist so, als stießen wir gegen eine Wand und anstatt dass wir uns durch die Wand hindurcharbeiten, wendet sich der Geist ab und will nichts weiter davon wissen. Reine Achtsamkeit ist aufgestiegen, wenn es nur die Handlung gibt, aber keinen Handelnden, sondern nur den Beobachter. Mit geteilter Aufmerksamkeit erleben wir beides, denjenigen der achtsam ist und denjenigen, der das beobachtet. Wenn wir unsere Achtsamkeit präzise anwenden, erkennen wir, wenn auch nur für einen Augenblick, dass keine Persönlichkeit in unseren Körper-Geist-Zusammenspiel eingebettet ist. Dieses Erlebnis werden wir niemals vergessen.

Um an das Ich-Wurzelsystem heranzukommen, sollten wir folgendermaßen vorgehen. Wir sollten erstens unser Bemühen um Selbstbestätigung aufgeben, zweitens gegenüber allen Einzelheiten achtsam sein, und drittens meditative Konzentration entwickeln. Wenn wir uns konzentrieren wollen, müssen wir alle Gedanken und Anliegen fallenlassen, sonst kommt keine gute Meditation zustande. Dann werden wir Momente erleben, wo niemand da ist. Wenn wir das erleben, reagieren wir zwangsläufig anders auf alles was uns begegnet. Je öfter wir dieses Erleben wiederholen können, desto mehr Auswirkungen wird es auf unser „Ich"-Verständnis und Umgang mit den Dingen haben.

Weiterhin können wir unsere Sinneskontakte als Werkzeug für unsere Erkenntnisarbeit benutzen. Während der Zeit des Wachseins sind wir unaufhörlich mit ihnen konfrontiert, dabei geht unsere Aufmerksamkeit unweigerlich zu dem stärksten Eindruck. In diesem Augenblick mag der Gedankenvorgang der stärkste Kontakt sein. Wenn wir nur sitzen, kann es der Berührungskontakt sein. Wir können wohl feststellen, dass wir von Sinneseindrücken ständig bombardiert werden und dass wir sie „die Welt" nennen. Da können wir uns sogar auf einer kleinen Insel mitten im Meer befinden, wo rundherum niemand ist und trotzdem mangelt es uns an Frieden, weil die Sinne im Geist Aufruhr und Anhaften schaffen.

„Anhaften" bedeutet, dass wir nicht weiterkommen, irgendwo hängenbleiben, wie das Wort bereits sehr gut ausdrückt. Wenn wir gern in der Küche sitzen und uns auf dem Küchentisch aufstützen wollen, müssen wir solange dort bleiben, bis wir uns von unserem Platz trennen können. Alles, woran wir festhalten, hindert uns am Weiterschreiten. Vom Verstand her wissen wir ganz genau, dass wir gerne frei von allem *Dukkha* sein wollten, doch dabei sind uns unsere Zuneigungen und Abneigungen im Wege. Diese unterschiedlichen Strömungen in uns bringen uns immer wieder Leid.

Spirituelle Praxis kann uns Augenblicke des Friedens und der Freiheit bringen, selbst wenn wir unser Anhaften noch nicht aufgegeben haben. Wir können aber auch Enttäuschungen erleben. Wir schwanken zwischen dem, was wir begehren und dem was wir tun sollten. Manchmal sind wir recht stolz auf uns und bisweilen haben wir Schuldgefühle. Nichts davon bringt uns der Wirklichkeit des Seins näher. Das genaue Nachsinnen über die Fragen: „Wer erkennt? Wer weiß?" kann neue Einsicht in unsere Reaktionen auf den ständigen Strom der Eindrücke durch die Sinne bringen. Wenn uns bewusst wird, dass unsere Sinneskontakte eine wirkliche Last für uns sind, empfinden wir Ernüchterung gegenüber den weltlichen Annehmlichkeiten. Warum müssen wir uns mit dem belasten, was wir sehen, hören und denken? Mit dieser Erkenntnis lockern wir die Fesseln, die uns an die falsche Ansicht von einer eigenständigen Persönlichkeit binden.

Diese verschiedenen Methoden können wir dazu benutzen, die tatsächliche, allem zu Grunde liegende Wirklichkeit zu erkennen. Dabei geht es um nichts anderes, als sämtliche Ideen und Meinungen davon loszulassen, wer wir zu sein glauben, wer die Persönlichkeit oder das „Ich" sein soll.

Die Welt um uns herum wird durch unsere Sinneskontakte bestimmt, die das Begehren nach Vergnügen und Bequemlichkeit auslösen. Lohnt es sich, mit diesen Bemühungen weiterzumachen? Diese Entscheidung müssen wir mit Kopf und Herz fällen. Vielleicht können wir beobachten, wie wir in unserem ständigen Bemühen um Sinnesbefriedigung rastlos und getrieben werden. Dass jedoch keine vollkommene Zufriedenheit gefunden werden kann, weil wir uns immer wieder bemühen müssen und nichts von Dauer ist. Und wer oder was ist das „Ich" bei der ganzen Angelegenheit, das die Zufriedenheit und die Annehmlichkeiten erlangen soll? Unsere Suche scheint in die verkehrte Richtung zu gehen. Dennoch ist es möglich in Ruhe und Frieden zu leben, wenn wir unser übliches Streben nach angenehmen Sinneseindrücken loslassen und unsere Energie anders einsetzen. Wir können mit scharfer Achtsamkeit feststellen, was diese Sinneskontakte wirklich bedeuten und sie somit fallenlassen, da sie uns kein wirkliches Glück bringen. All' diese Schritte zusammen werden uns zu den Wurzeln des „Ich" führen, so dass wir sie irgendwann einmal ausgraben können.

Wenn wir uns und unser „Ich" auf eine neue Art und Weise betrachten, so wie es in den Anweisungen des Buddha empfohlen wird, verändern wir nicht nur uns selbst, sondern auch die Welt um uns herum. Ein vollkommen neues Bild entsteht, wie in einem Kaleidoskop, das einmal herumgedreht wurde. Es lohnt sich, dieses Experiment einmal auszuprobieren!

XI.
Zwölf Bedingungen, die zu Nibbana führen

Die *Maha-Assapura-Sutta* (Lehrrede Nr. 39 aus der *Majjhima Nikāya*, der „Mittleren Sammlung") handelt von einer exakten Vorgehensweise wie wir *Nibbāna* erreichen können. Jeder Schritt auf dem Weg bringt mehr Unbeschwertheit, mehr Verstehen und die Fähigkeit klarer zu erkennen. Durch unsere Blockaden in Herz und Geist wissen wir oft nicht, was im Leben wirklich wichtig ist. Je mehr Hindernisse und je weniger Geistestraining wir haben, desto schwerwiegender berührt uns das. Das Trainieren des Geistes ist der einzige Weg um hier Abhilfe zu schaffen.

Hierzu empfiehlt uns der Buddha Scham und Furcht (*Hiri-Ottapa*) als die Hüter der Welt zu betrachten. Ohne diese Hüter würde die Menschheit, so wie wir sie kennen, zusammenbrechen. Würden wir uns nicht schämen, einen schlechten Eindruck zu machen, oder hätten wir keine Angst davor, von unseren Mitmenschen getadelt zu werden, würde Chaos in der Welt herrschen. Es käme einer Anarchie gleich. Dass alle Gesellschaften eine Polizei brauchen, zeigt uns, dass Scham und Furcht nicht automatisch das Handeln der Menschen bestimmen. Die Grausamkeiten, die zum Beispiel in Deutschland unter Hitler begangen wurden, waren das Ergebnis von einem Mangel an Scham und Furcht.

Wenn Scham und Furcht nicht existieren, erleben wir den Zusammenbruch von Beziehungen. Würden sie nicht als „Hüter" auftreten, wäre immer mehr Raum für negative Emotionen. Wären nicht Hass, Ekel, Ablehnung, Widerstand, Sorgen, Furcht, Eifersucht und Stolz Teil unserer Natur, könnten zwischenmenschliche Beziehungen nicht zusammenbrechen. Wir würden uns für das Unreine im Inneren schämen und unser Gewissen würde uns jederzeit vor dem Schlechten bewahren.

Wir alle haben ein Gewissen, aber beachten wir es immer? Es wäre ein guter Vorsatz, sich immer von seinem Gewissen leiten zu lassen. Wir dürfen es nicht zulassen, dass dieser Berater von Begehren überschattet und außer Kraft gesetzt wird. Das führt dazu, dass unsere persönlichen Beziehungen auseinander gehen und unser Leben schwierig wird. Gefährlich wird es immer, wenn unsere innere Stimme zum Schweigen gebracht wird, weil wir etwas Bestimmtes haben wollen. Das kann vieles sein, wie Anerkennung, Lob, akzeptiert zu werden, Recht zu haben, oder auch eine gute Meditation zu haben.

Alles, was uns passiert, sollte im Inneren betrachtet werden, so hat es der Buddha erklärt. Dafür müssen wir ständig achtsam sein, nicht nur hin und wieder. Wie könnten wir sonst in Kontakt mit unserem Gewissen bleiben? Wie könnten wir sonst wissen, ob wir uns für etwas schämen sollten?

Der Buddha sagte auch, man solle sich wirklich davor in Acht nehmen, eine Tugendregel zu brechen oder sonst falsch zu handeln. Die negativen Auswirkungen von einer unrechten Verhaltensweise würden uns bereits mit einem Fuß in die Hölle bringen. Das ist die Furcht, die uns auf dem „Edlen Pfad" hält.

Die Läuterung von Denken, Sprechen und Handeln – das wären die nächsten drei Schritte. Wir sollten jeden Tag nutzen, uns in einem dieser Bereiche zu läutern. Sonst vergeuden wir einen wertvollen Tag – wie schade! Dieser Tag kann niemals wiederholt werden, er ist für immer vorbei. Wir können jeden Tag in Bewusstheit erleben und damit wichtige Erkenntnisse gewinnen, die unser Leben allmählich verändern. Der Buddha empfahl ehrlich, wahrheitsgetreu und offen sich selbst gegenüber zu sein. Wir können lernen uns so zu sehen, wie wir wirklich sind. Wenn wir uns unseres Denkens, Fühlens, Sprechens und Handelns klar bewusst sind, hält uns das von automatischen, beziehungsweise instinktiven Reaktionen ab. Sehr oft führen unsere Gewohnheiten, da sie häufig unachtsam sind, zu Unheilsamem in Körper, Sprache und Gedanken. Unser Training besteht darin, dass wir uns darauf ausrichten, nicht länger für uns selbst mehr bekommen und haben zu wollen. Stattdessen überprüfen wir, was wir denken, sagen und tun und merken dabei, ob wir wahrhaft hilfreich, liebend und fürsorglich sind. Wenn wir es nicht sind, können wir uns darin üben unser Verhalten zu ändern. Während wir diese drei Tore, die uns mit der Außenwelt in Beziehung treten lassen – Gedanken, Sprache und Handlung – untersuchen, sie läutern und in Schranken halten, lernen wir nicht nur uns selbst kennen, sondern wir können auch anderen auf *Dhamma*-Art begegnen.

„Rechter Lebensunterhalt" ist die nächste Läuterung. Wir müssen für unsere Bedürfnisse sorgen, damit wir uns am Leben erhalten. Das sollte aber auf einer richtigen Geisteshaltung basieren, also nicht durch die Beeinträchtigung anderer oder indem wir etwas fordern, sondern indem wir unsere Fähigkeiten und unsere Zeit anbieten. Der Lebensunterhalt ist zum einen für das Geldverdienen notwendig, man sollte jedoch auch nicht den Aspekt außer Acht lassen, ihn als Teil der spirituellen Praxis zu verwenden.

Die rechte Art des Lebenserwerbs bedeutet in spiritueller Hinsicht, dass hiermit Läuterung, Mäßigung, Ehrlichkeit und Offenheit verbunden sind. Ferner wäre es sehr wichtig großzügig zu sein. Das Gegenteil davon ist Gier, das heißt alles für sich selbst behalten zu wollen, das wäre egozentrisch. Auf der relativen Ebene glauben wir, dass wir etwas für schlechte Zeiten zurücklegen müssen, um uns abzusichern. Auf der absoluten Ebene existiert keiner, um den wir uns sorgen müssten. Der gewöhnliche Mensch, der auf weltliche Art denkt, kann nicht auf beiden Ebenen wirken. Wir können es mit zwei parallel verlaufenden Eisenbahngleisen vergleichen. Wenn unser Zug auf dem einen fährt, kann er nicht gleichzeitig auf dem anderen Gleis sein. Um die Schienen zu wechseln, brauchen wir eine Weiche, damit wir eine Verbindung zwischen den Gleisen schaffen. Für unsere spirituelle Entwicklung bedeutet es, dass wir durch Einsicht und Läuterung die Verbindung zwischen der relativen und absoluten Ebene herstellen können.

Der nächste Schritt im Verlauf des Läuterungsprozesses, der uns zu *Nibbāna* führen soll, ist das „Mäßigen und Beschützen der Sinneseindrücke".

*„Die geläuterte Sangha mit beruhigten Sinnen,
frei von allen geistigen Makeln
ist der Gaben wirklich würdig."*

So lautet die Ehrerbietung gegenüber den Jüngern des Buddha dazu.

Hierzu lautet die Anweisung des Buddha, die sich mit dem Beschützen der Sinne beschäftigt: „Die Sinne sind so zu beschützen, dass keine Gedanken aufsteigen, die uns zum Schlechten und Unheilsamen verleiten können." Es bedeutet, dass wenn wir etwas Schönes sehen, sollten wir es nicht begehren. Sobald wir es haben wollen, ist diese Runde verloren. Oder wir hören etwas, was uns nicht gefällt und wir haben eine „Hassreaktion". Nun, damit haben wir die nächste Runde verloren!

Unsere Sinne zu beschützen bedeutet, sich im Geist davor zu bewahren, dass er nicht einfach denken kann, was er will und unkontrolliert in die Weite schweift. Vielmehr sollten wir ihn dazu anleiten, Heilsames, Hilfreiches und Reines zu denken. Wir müssen so weit kommen, wahrzunehmen wenn wir etwas denken, was nicht vollkommen rein ist. Es sollte sich dann so unangenehm anfühlen, dass wir das Unheilsame schnellstens fallenlassen, als ob es uns verbrennen würde. Dieses ungute Gefühl muss der Gradmesser für unsere Entwicklung sein. Solange wir kein Gefühl vollkommenen Gleichmuts, totalen Friedens, von Erleichterung und Liebe in uns verspüren, ist etwas mit unserem Gedankengang nicht in Ordnung. Dann sind entweder Gier oder Hass, also Haben-Wollen oder Loswerden-Wollen mit im Spiel.

Die Welt ist voll angenehmer und unangenehmer Sinneseindrücke. Wir haben keinen Anspruch darauf, immer nur angenehme Sinneskontakte zu haben und alle unangenehmen zu vermeiden. Die Welt werden wir wohl auch nicht ändern. Nichts Äußeres wird sich verwandeln, alles wird genauso weitergehen wie bisher. Es ist ein ständger Wechsel zwischen angenehm und unangenehm und wieder zurück zum Angenehmen, auf und ab, vor und zurück, wie auf einer Wippe. Manchmal sind wir oben, ein anderes Mal wieder unten. Wenn wir unsere Sinne nicht beschützen, werden wir weiterhin den Objekten unseres Sinnesbewusstseins den größten Wert beimessen. Wir werden daher immer wieder die äußeren Bedingungen beschuldigen, die in uns Reaktionen auslösen.

Lasst uns ein Plakat über unser Bett hängen:

"Nicht den Auslöser beschuldigen!"

Wenn wir nicht damit aufhören, die Schuld bei anderen zu suchen, wird sich niemals etwas ändern. Wir müssen einmal bei uns selbst beginnen, sonst findet ein spirituelles Leben niemals statt. Es hat keinen Sinn zu meditieren, wenn wir nicht gleichzeitig Herz und Geist läutern.

Es gibt nichts und niemanden zu beschuldigen, alles geschieht in unserem Inneren. Scham, Gewissen, geistige, sprachliche und körperliche Handlungen sowie Sinnesvermögen haben nichts mit äußeren Ereignissen zu tun. Sie haben nur mit uns selbst zu tun, denn nur dort, in unserem Inneren werden sie empfunden. Wenn wir das nicht erkennen und ernsthaft zu praktizieren beginnen, gibt es keinen „Edlen Pfad."

Unsere Sinneskontakte veranlassen uns zum Reagieren. Dieser Mechanismus, der sich immer wieder in uns abspult, ist interessant, ja sogar faszinierend. Jemand sagt etwas, was wir gern haben und es fühlt sich gut an. Dann sagt jemand etwas, was wir ablehnen und schon fangen die Negativitäten im Geist an und es geht wieder bergab. Wir glauben, dass es an dem Anderen liegt. Die Welt hat sechs Milliarden

Menschen, die sich alle nicht darum kümmern, wie wir reagieren. Nur wir selbst sind daran interessiert. Wir sind der einzige Mensch, dem es irgendetwas bedeutet. Ganz ehrlich und offen zu uns selbst zu sein, ist wahre Innenschau. Solange wir die Wahrheit über uns selbst noch nicht kennen, ist der Weg zur Befreiung, zu *Nibbāna*, verschlossen.

Die Sinne zu beschützen führt zu einer Verkleinerung des Begehrens. Wir wollen dann nicht mehr so viel oder es ist nicht so wichtig, das zu bekommen, was wir nicht haben, weil die Sinne nicht ständig Kontakt herstellen. Wenn wir eine Einkaufsstraße entlanggehen, die aus wunderschönen Schaufenstern mit attraktiven Waren besteht und das Auge zu all' den angebotenen Dingen Verbindung herstellt, wird der Geist sagen: „Das würde sehr praktisch sein, das sieht schön aus, es ist billig. Ich glaube, ich werde es kaufen." Gehen wir aber dieselbe Straße entlang und beachten die Schaufenster nicht, würde der Geist nicht zum Haben-Wollen verleitet werden.

Der nächste Schritt der Läuterung ist „Mäßigung beim Essen". Der Buddha erwähnt es als Gegenmittel für zwei Hindernisse, einmal gegen sinnliches Begehren und zweitens gegen Trägheit und Müdigkeit. Es bedeutet nicht gar nichts zu essen, sondern zu wissen, wieviel wir brauchen und sich damit zufrieden zu geben. Essen ist ein Begehren, das alle Lebewesen haben und das in den meisten Fällen leicht befriedigt werden kann, weil Nahrung vorhanden ist. Wenn wir uns beim Essen nicht gehenlassen, haben wir gelernt einen unserer Sinne zu beschützen.

Der nächste Schritt auf diesem Weg ist Achtsamkeit – Achtsamkeit in jeder Lebenslage. Als erstes erwähnt der Buddha in diesem Zusammenhang Wachsamkeit. Er selbst kam mit zwei Stunden Schlaf in der Nacht aus. Hier sollte man natürlich für sich selbst das rechte Maß entwickeln, entsprechend den äußeren Bedingungen. Zwei Stunden Schlaf in der Nacht und achtsam und voll bewußt den ganzen Tag, wenn wir das alle vollkommen perfekt praktizieren würden, sagte der Buddha, könnten wir in sieben Tagen erleuchtet werden. Dabei meinte er die totale Achtsamkeit, doch selbst teilweises Aufmerken bringt schon Resultate. Achtsam und bewusst zu sein ist die einzige Art, wie wir in Verbindung mit unserem Innenleben treten können. Wenn wir keine Achtsamkeit walten lassen, sind wir nicht in der Lage, unserem Gewissen zu lauschen oder unsere Sinne zu beschützen. Achtsamkeit ist der einzige Geistesfaktor, durch den wir unsere Reaktionen erkennen können. Ohne Achtsamkeit können wir keinen spirituellen Übungsweg gehen, was bedeuten würde, dass wir so bleiben wie wir immer waren. Wenn wir damit zufrieden gewesen wären, würden wir sicher nicht meditieren und das *Dhamma* hören wollen. So steht es wohl von vorneherein fest, dass wir eine Veränderung anstreben. Dies ist auch ratsam, denn wenn wir uns in Selbstzufriedenheit wiegen, findet keine Entwicklung statt.

Selbstzufriedenheit ist eines der größten Hindernisse in allen wohlhabenden Gesellschaften. Selbstzufriedene Menschen meinen: „Ich brauche keine Meditation, ich bin vollkommen glücklich. Du musst wohl sehr unglücklich sein, wenn du meditieren willst. Alles was ich mache, ist in Ordnung." Das ist ein unbewusster, unwacher Zustand ohne Achtsamkeit. Achtsam zu sein bedeutet, erkennen zu können, was in uns geschieht, wir erwachen „zu uns selbst". Ist es von irgendeiner Wichtigkeit, ob ein Anderer meditieren kann? Spielt es eine Rolle, ob jemand anders glücklich ist? Macht es etwas aus, ob irgendwer erleuchtet ist? Oder geht es darum, ob „wir selbst" meditieren können, ob „wir" glücklich sind und uns auf dem richtigen Pfad befinden?

Bewusst und wach werden! Alles andere ist nur wieder ein Film, der abläuft. Anstatt ins Kino zu gehen oder den Fernseher einzuschalten, machen wir unsere eigenen Filme, das ist alles. Unsere innere Leinwand ist oft nicht einmal sehr unterhaltsam, sondern häufig deprimierend. Von Dauer ist dieser Lebensfilm mit all seinen Gefühlen, Ideen und Handlungen sowieso nicht.

Achtsamkeit und volle Bewusstheit, über die der Buddha spricht, bezieht sich auf das tägliche Leben, genauso wie auf die Meditation. Alle bisher erwähnten Schritte haben mit unseren tagtäglichen Aktivitäten zu tun, dem Leben von Moment zu Moment. Meditation ist natürlich absolut notwendig, aber diese Schritte müssen ihr vorausgehen. Meditation wird keinen Erfolg haben, wenn all die Anstrengungen, wie sie bis jetzt erwähnt wurden, nicht gemacht werden.

Bewusstheit verbunden mit Achtsamkeit ermöglicht es, in uns selbst Einblick zu bekommen und die Hindernisse, Blockaden und Unreinheiten zu erkennen. Es ist einer der brauchbarsten und faszinierendsten Aspekte der Lehre des Buddha, dass er uns eine genaue Beschreibung gibt, wie wir von dort wo wir gerade sind, dahinkommen wo wir sein wollen. Es ist eine exakte Landkarte, doch reisen müssen wir schon selbst, das kann man nicht machen lassen. Es reicht nicht aus nur mit dem Finger auf der Landkarte zu reisen. Solche Reisende gibt es viele auf der Welt. Menschen sitzen zu Hause und studieren Karten anstatt auf Reisen zu gehen. Dasselbe wird häufig mit der Lehre des Buddha gemacht. Die präzise Landkarte seiner spirituellen Anweisungen steht zu unserer Verfügung. Hier gibt es genaue Wegweiser, die uns zeigen wo wir gerade sind und uns den nächsten Schritt erkennen lassen.

Wenn die Achtsamkeit Bestandteil unseres täglichen Lebens geworden ist, setzen wir uns auf unseren Meditationsplatz und behalten die Achtsamkeit bei. Um die Wirkung der Achtsamkeit untersuchen zu können, beschäftigen wir uns in dem Moment nicht mit den meditativen Vertiefungen oder der Atembetrachtung, sondern damit, achtsam und vollkommen aufmerksam unsere Hindernisse zu erkennen. Die Hindernisse als Meditationsobjekt zu benutzen ist ein interessanter Vorgang, den der Buddha häufig erwähnt.

Der Buddha spricht vom Einsetzen der Achtsamkeit, wenn wir bereits im Vorfeld erkennen, dass etwas Unheilsames in uns aufsteigt. Er spricht vom Etikettieren unserer Gedanken und Emotionen, damit uns klar ist, was in uns geschieht. Wir müssen wissen, was wir in uns tragen, damit wir es ändern können. Wenn wir dem Gefühl oder dem Gedanken einen Namen geben, werden sie greifbarer für uns. Wir können uns einen Menschen vorstellen, von dem wir nichts wissen, noch nicht mal seinen Namen. Es wäre sicherlich schwierig, mit diesem Menschen vertraut zu werden. Die Person ist nicht wirklich greifbar für uns. Ohne einen Namen wissen wir nicht recht, wer dieser Mensch eigentlich ist. Er bleibt uns ein Fremder. Aber wenn wir dem, was uns berührt, wenigstens einen Namen geben können, haben wir eine engere Verbindung dazu. Unsere Schwierigkeiten sollten uns zumindest vertraut sein. Sind sie es nicht, wie sollten wir dann mit ihnen arbeiten können? Sie zu benennen, ist ein Schritt in die richtige Richtung.

Es gibt fünf Hindernisse, die im Wesentlichen die Hauptüberschriften für alle Unstimmigkeiten zwischen den Menschen sind. Diese Schwierigkeiten sind niemals rein persönlich zu sehen, sondern immer universell. Solange wir die Universalität von allem noch nicht erkannt haben, wird uns das Leben oft be-drückend erscheinen. Entweder heißt es dann „armes, kleines Ich" oder „wunderbares Ich" oder „ich bin sicher besser als du" oder „ich bin schlechter als du" – alles Ego-Gespräche! Es ist nicht hilfreich, über uns selbst auf diese Art und Weise nachzudenken. Viel sinnvoller wäre es, das was tatsächlich in uns aufsteigt zu benennen. Wenn nichts hochkommt, bedeutet es, dass wir schlafen. Das muss nicht unbedingt körperlicher Schlaf sein, es kann bedeuten, dass unser Bewusst werden noch nicht begonnen hat.

Die fünf Hindernisse sind sinnliches Verlangen, Böswilligkeit, Trägheit und Lässigkeit, Rastlosigkeit und Sorgen sowie skeptischer Zweifel. Sie sind wie Granitblöcke, die in Herz und Geist sitzen und den Weg blockieren. Welchen Weg? Nun, den Weg zum Glück. Sie versperren uns den Weg und machen es uns unmöglich vorbeizukommen. Sie halten uns auf und wir können sie nicht wegschieben, weil sie viel zu schwer sind. Wir können lernen, sie als das zu erkennen was sie sind und sie zu ersetzen.

Es gibt Heilmittel, die der Buddha verordnet hat. Eines, das auf alle fünf zutrifft, heißt „Edle Freunde und Edle Gespräche." Allein sind wir nicht stark genug, um allen Versuchungen zu widerstehen. Wenn es möglich wäre, den ganzen Läuterungsweg ohne Hilfe zu gehen, stellt sich die Frage, warum wir es noch nicht getan haben. Was hindert uns? Unsere eigene Blindheit hindert uns. Edle Freunde und edle Unterhaltungen können uns auf diesem Weg unterstützen, denn ohne Hilfe kann selten ein Mensch den Pfad verwirklichen. Es gab und gibt Ausnahmen; so ein Mensch war zum Beispiel der Buddha. Er wurde ein „Selbst-Erleuchteter". Er ging zu Lehrern, um die Meditationstechniken zu erlernen, doch vollendet hat er den Weg allein. Er selbst fand heraus, wie das Leid überwunden und endgültig losgelassen werden konnte. Es gibt gelegentlich Weise, die den Weg allein finden. Es ist jedoch höchst unwahrscheinlich, daß wir einer von ihnen sein sollten.

Edle Freunde sind solche, die uns auf unsere Fehler aufmerksam machen, statt mitleidig auf unsere Schwierigkeiten einzugehen und uns darin bestärken, wie schlecht uns die ganze Welt behandelt hat. Die Welt behandelt jeden schlecht, der negativ auf sie reagiert. Ein edler Freund hilft uns, das was in uns vorgeht, zu erkennen. Eine edle Unterhaltung ist ein *Dhamma*gespräch. Das Wort *Dhamma* bedeutet die „Lehre des Buddha", es bedeutet das Naturgesetz, es bedeutet die Wahrheit.

Trägheit und Lässigkeit rauben uns unsere Energie, besonders dann, wenn es darauf ankommt. Abends, wenn es Schlafenszeit ist, ist es natürlich in Ordnung, sich hinzulegen. Aber am Tag ist das eine andere Sache. Der Buddha verglich dieses Hindernis damit, im Gefängnis zu sitzen. Niemand ist gerne im Gefängnis – gefangen gehalten von dem eigenen Mangel an Energie.

Wenn wir sinnliches Verlangen haben, wenn die Welt mit ihren mannigfaltigen Verlockungen winkt, gibt es dafür nur einem Namen. Wir haben es mit *Māra*, dem Versucher, dem Verführer zu tun. Dann wäre es weise, sich an die Wahrheit des *Dhamma* zu erinnern, damit wir wieder unseren Halt finden. Es ist zu einfach, in *Māras* Falle zu gehen. *Māras* Versuchungen hören bis zum Moment der Erleuchtung nicht auf. Selbst der Buddha war noch wenige Momente vor seiner Erleuchtung der Versuchung ausgesetzt. Wenn ihm das passierte, was ist dann erst mit uns?

Wir müssen uns damit abfinden, dass Versuchungen ständig da sind. Es muß sich nicht unbedingt darum handeln, dass wir verreisen, schwimmen, surfen oder Ski fahren wollen oder was immer sonst uns noch anzieht. Vielleicht wollen wir nur plaudern. Leeres Geschwätz ist aber einer der Aspekte der vierten Tugendregel „Rechte Rede" und wird als falsche Rede betrachtet, zu der uns die Welt mit ihrem Glitzern verführt. Edle Unterhaltung ist das *Dhamma*.

Es gibt überall Versuchungen und wenn wir sie als solche erkennen, können wir damit in einer Art und

Weise umgehen, dass sie unseren spirituellen Weg nicht behindern. Erkennen wir sie nicht, sind wir davon gefangen. Damit ist kein Tadel verbunden, sondern wir sollten einfach erkennen, um was es geht. Wenn wir sinnliches Verlangen haben, ist es nicht immer so einfach, dies festzustellen. Es muss sich nicht unbedingt darum handeln, dass wir Schokolade wollen. Vielleicht mögen wir gar keine Schokolade. Unsere sinnlichen Begehren können in viele Richtungen gehen. So müssen wir aufpassen und uns bewusst machen, dass uns jedes Begehren mit *Dukkha* in Berührung bringt. Es ist wie ein Angelhaken, mit dem wir uns neues *Dukkha* an Land ziehen. Auch wenn wir die erhoffte Befriedigung bekommen, ist *Dukkha* darin enthalten, denn die Befriedigung ist nicht von Dauer, sondern immer nur zeitweilig.

Dieses Aufpassen und Erkennen kann während der Meditation geschehen, während wir uns hinsetzen und achtsam sind. Der Buddha hat anempfohlen, sich der Hindernisse vollkommen bewusst zu sein, sie damit anzunehmen und loszulassen, um wirklich zu meditieren. Während der Meditation zu denken ist nichts anderes als sinnliches Begehren. Es ist angenehmer und unterhaltsamer, den Geist umherwandern zu lassen, als die Anstrengung der Konzentration aufzubringen. Außer, dass es interessant ist, ist es auch ego-bestätigend. Solange wir denken, pflegen wir unsere Ich-Illusion. Wenn wir aufhören zu denken, kann der Moment kommen, wo die „Ich"-Identifikation kurzfristig verloren geht. Im ersten Moment kann das ein Gefühl der Beunruhigung hervorrufen.

Wenn Böswilligkeit während des Meditierens hochkommt, so kann das im Allgemeinen leicht erkannt werden. Vielleicht ist es Unwillen gegenüber den eigenen körperlichen Unannehmlichkeiten. Vielleicht ist es Unwillen über etwas, was jemand gesagt oder getan hat. Vielleicht ist es Unwillen über eine Gruppe von Menschen oder eine Situation in der Welt. Es kommt nicht darauf an, was der individuelle Anlass des Unwillens ist, Unwillen bleibt negativ und hat Hass, Abneigung und Mißtrauen als seine Komponente. Glücklicherweise fühlt es sich in unserem Herzen derart unangenehm an, dass wir es gerne loslassen wollen, weil wir die schädlichen Wirkungen erkennen und beseitigen wollen.

Sinnliches Verlangen, das wir der Gier zuordnen können, verspricht immer etwas Angenehmes, von dem wir Befriedigung für unsere Sinne erhoffen. Das fühlt sich nicht so unangenehm wie Hass an, sondern eher etwas vielversprechend, erregend: „Werde ich es wohl bekommen, werde ich es dann auch behalten können?" Dieses Gefühl von Hoffnung und Erwartung wird oft nicht als negativ erkannt. Somit ist es gar nicht so selbstverständlich, dieses auch loszulassen. Die meisten Menschen in der Welt, wissen nicht einmal, dass sie das Verlangen nach Sinnesbefriedigung haben. Man könnte fest behaupten, dass fast alles was sie tun, durch sinnliches Verlangen ausgelöst wird. Erst wenn wir mit einer intensiven Meditations- und Achtsamkeitspraxis begonnen haben, ist es uns tatsächlich möglich, sich des ständigen Wunsches nach angenehmen Gefühlen bewußt werden. Es ist äußerst schwierig zu erkennen, wie sinnliches Begehren uns blockiert, denn es erscheint uns ja so natürlich. Häufig rechtfertigt man sich in der Art: „Was ist denn damit nicht in Ordnung, dass es mir gut gehen soll? Sicherlich will ich keine unangenehmen Gefühle." Nein, natürlich nicht. Aber das Wollen ist das *Dukkha* und die Begierde nach dem Angenehmen ist der Haken, an dem wir hängen.

Böswilligkeit, Ärger, Hass fühlen sich sehr unangenehm an. Wenn wir diese Negativitäten in uns erkennen, werden wir uns sicherlich darum bemühen, sie loszulassen. Allein schon deshalb, weil sie uns selbst nur unglücklich machen. Das ist relativ leicht zu erkennen. Schwieriger ist es dagegen, die Gier loszulassen, denn es ist leichter mit einer gierigen Person zu leben. Solch ein Mensch hängt sehr an dem, was er hat und was er will. Mit einem „Hass-Typ" ist es viel unliebsamer auszukommen, aber Hass ist leichter zu bearbeiten. Niemand hat gerne Hassgefühle in sich, daher werden diese leichter aufgegeben. Es gab einen großen Meditationsmeister in Thailand, der sagte: „Ich möchte nur Hass-Charaktere als Schüler. Sie sind viel leichter zu belehren. Sie begreifen oft sofort, um was es geht." Generell kann man davon ausgehen, dass sich in jedem Menschen eine Mischung von Hass und Gier befindet. Es gibt jedoch gewisse Tendenzen, die mit den obigen Beschreibungen aufgezeigt werden sollen.

Wenn wir wach und bewusst beim Meditieren sind, sorgfältig etikettieren, dann wissen wir genau, was in uns hochkommt. Suche ich immer wieder nach angenehmen Gefühlen, so ist es offensichtlich Gier. Wenn ich meine Sitzposition nicht mag, weil sie unbequem ist, ist das offensichtlich Hass. Wenn wir ehrlich zu uns selbst sind, sollte das leicht zu erkennen sein. Es gibt niemand anders als wir selbst, bei dem es so wichtig wäre, aufrichtig zu sein. Ehrlichkeit gegenüber uns selbst, ist eine der zehn zu entwickelnden Tugenden und heißt Wahrhaftigkeit – *Sacca*.

Rastlosigkeit und Sorgen werden der Vergangenheit und Zukunft zugeordnet. Bei der Meditation können wir erkennen, ob wir uns vielleicht Sorgen über die Zukunft machen: „Werde ich genügend Geld haben? Werde ich gesund bleiben? Werde ich meine Angelegenheiten gut organisieren können?" Sich um die Zukunft zu sorgen ist absurd, weil wir niemals genau planen können, wie sie auszusehen hat. Wenn wir glauben, dass wir Geld oder andere Dinge brauchen werden, ist das vollkommen imaginär. Vielleicht erleben wir die Zukunft gar nicht. Außerdem ist die Person, die die Zukunft erleben kann, nicht dieselbe Person, die sich darüber Sorgen macht, sondern eine ganz andere. So können wir ruhig alle Sorgen fallenlassen und die Dinge einfach auf uns zukommen lassen. Wir sind von Sekunde zu Sekunde eine andere Person.

Die Rastlosigkeit wurzelt in der Vergangenheit, meist wenn wir etwas nicht erledigt haben. Dann haben wir das Gefühl unter Druck zu stehen: „Ich muss es jetzt tun oder es kann zu spät sein. Das Leben geht an mir vorbei." Die Angst, etwas zu verpassen, mag uns in der Meditation beunruhigen. Wir versuchen, uns zu konzentrieren und der Geist wirft alle möglichen Ideen auf, was wir stattdessen alles tun könnten. Der Geist kann auch nie zum Ende von Ideen kommen. Die Dinge, an die wir häufig denken, sind die Dinge, mit denen wir noch nicht fertiggworden sind. Es ist *Māra*, der sich dabei wieder bemerkbar macht. Rastlosigkeit kommt oft dadurch, weil wir glauben, dass eine neue Lösung unsere Schwierigkeiten beheben wird.

Rastlosigkeit und Sorgen sind beides Energieverschwender. Sie nehmen die Energie weg, die wir für die Meditation brauchen. Damit tun wir uns selbst nichts Gutes. Rastlosigkeit und Sorgen sind nutzlos, sie ändern nichts. Stattdessen berauben sie uns der Möglichkeit, wirklich klar zu erkennen. Ein Geist, der durch Sorgen oder Rastlosigkeit getrübt ist, kann nicht in die Weite schauen.

Furcht wird vom Buddha nicht speziell erwähnt, denn sie setzt sich zusammen aus Hass, Böswilligkeit, Sorgen, Rastlosigkeit und auch aus Begierden. Furcht vor anderen Menschen ist Mangel an Liebe. Angst vor der Zukunft ist Mangel an Vertrauen. Sind wir besorgt, etwas nicht richtig zu handhaben oder nicht das zu bekommen, was wir wollen, so ist das mit sinnlichem Begehren verbunden. Es gibt so viele

Ängste und alle basieren auf der einen Angst, dass das „Ich" nicht unterstützt wird.

Dann gibt es noch den skeptischen Zweifel. Der Buddha erklärt ihn so: „War der Buddha wirklich erleuchtet? Ist das *Dhamma* wirklich die höchste Wahrheit? Weiß die Sangha über die Lehre Bescheid?" Dieser skeptische Zweifel hält uns vom Praktizieren ab. Der Buddha spricht oft davon, wie wichtig es sei, die Wahrheit zu hören und genügend Vertrauen zu entwickeln, seine Anweisungen auszuprobieren. Wenn wir skeptisch sind, werden wir das, was wir hören, mit dem vergleichen wollen, was wir schon kennen. Was wir kennen, ist aber nicht auf der Ebene absoluter Wahrheit und so gibt es auch keinen echten Vergleich. Damit bauen wir uns eine Blockade auf. In dem Fall hilft uns weder das, was wir hören, noch das, was wir schon wissen. Wir befinden uns zwischen zwei Stühlen, zwischen der relativen, weltlichen und der absoluten *Dhamma*-Ebene.

Was wir im Zusammenhang mit dem *Dhamma* hören, ist vollkommen unterschiedlich zu allem Anderen. Dieselben Worte, dieselbe Sprache, die gleichen Ideen bedeuten etwas ganz Neues. Was wir wissen, ist sowieso fragwürdig. Ein Vergleich zwischen Welt und *Dhamma* kann nicht stattfinden. Skeptischer

Zweifel versucht, eine solche Beziehung herzustellen. Skeptischer Zweifel bezieht sich auch darauf, unsere eigenen Fähigkeiten in Frage zu stellen. Werden wir je meditieren können, den spirituellen Pfad weiterverfolgen, wirklich loslassen können? All' das ist Mangel an Selbstvertrauen. Diese Art Zweifel kann überwunden werden, indem wir bemerken, dass wir etwas tun können, was wir vorher nicht konnten. Wir können eine Meditationssitzung durchsitzen, wir können tatsächlich den Geist konzentrieren, wir können Übelwollen loslassen. Unser eigenes Erleben gibt uns Vertrauen.

Doch skeptischer Zweifel hinsichtlich der Lehre muß überwunden werden, weil die Lehre zu *Nibbāna* führt. Und das kann nie erlebt werden, wenn irgendein Zweifel besteht. Wir müssen Vertrauen in das Unbekannte haben. Das ist bei vielen weltlichen Dingen auch der Fall. Wir lernen doch auch zu schwimmen. Es ist uns gänzlich unbekannt, ob wir schwimmen können oder nicht. Viele kleine Kinder schreien ganz fürchterlich vor Angst. Viele aber nicht. Sie haben Vertrauen in ihren Lehrer, gehen einfach ins Wasser und versuchen es. Sie wissen zwar nicht, ob es funktionieren wird, aber sie sind diejenigen, die schwimmen lernen. Die am Ufer stehen und weinen, müssen wieder nach Hause gehen und werden dieses Mal nicht schwimmen lernen. Dieses bisschen Vertrauen muss vorhanden sein, um das Unbekannte auszuprobieren und zu erleben, ob es stimmt. Die Chance, die Anweisungen durch eigene Praxis zu prüfen, sollten wir uns nicht entgehen lassen. Wir werden sonst nie herausfinden, ob wirklich etwas dran ist. Das bedeutet zunächst einmal, sich frei zu machen von seinen persönlichen Ideen und Meinungen über die Wahrheit. Frei zu machen davon, was ein spirituelles Leben wirklich bedeutet, wie es gelebt werden sollte, wie spirituell engagierte Menschen aussehen und reden sollten. Alles nur Ideen, Konzepte, die Blockaden aufbauen, so dass uns nichts Neues berühren kann.

Der Buddha sprach in vielen seiner Lehrreden über die *Jhānas,* dass sie erhabene und fördernde Bewusstseinszustände seien. Sie sind nicht das Ziel, sondern der Weg, auf dem wir tiefe Einsicht bekommen. Einsicht bedeutet „erkanntes Erleben". Dazu ist es nötig, alles zu benennen, was in uns aufsteigt. Klar sollten wir erkennen, dass es überall Entstehen und Vergehen gibt. Alles was entsteht, muß auch vergehen. Darin liegt zugleich die Gefahr und auch die Befreiung: Wie ist es entstanden? Wie verschwindet es? Warum ist es gefährlich? Kann ich durch Loslassen entkommen? Dies sind Momente der Einsicht, die Ruhe bringen und Ruhe bringt Einsicht.

Der zur Ruhe gekommene Geist, der nicht von Hass oder Gier gestört wird, kann sich und die Welt anders und neu betrachten. Die Vertiefungen sind uns verschlossen, wenn Hass oder Gier anwesend sind. Zuerst müssen wir daher die Hindernisse für den Moment der Meditation fallenlassen, so dass die *Jhānas* gefestigt werden können. Der Geist, der dazu in der Lage ist, wird eine vollkommen veränderte Innenschau haben. Er hat zu der Zeit nicht die Verfärbung des „Ichs" und ist so offen für eine andere Wahrheit, die jenseits der polaren Welt liegt.

Diese neue Sicht kann aber nur von einem Geist, der ruhig und freundlich ist, akzeptiert werden. Ein beunruhigter oder besorgter Geist kann die Wahrheit nicht in sich aufnehmen, weil es ihm wie Selbstvernichtung erscheint. Aber das ist es ganz und gar nicht, sondern es ist ein Loslassen der „Ich"-Illusion, eine Befreiung. Ein Geist, der noch keine eigene innere Freude empfindet, kann es nicht verkraften, dass „da niemand ist". Der Geist, der Ruhe und Freude in sich verspürt, wird über diese Wahrheit beglückt sein, weil sie eine Last von seinen Schultern nimmt. Wenn da niemand ist, wer kann da Schwierigkeiten haben, sich sorgen oder ängstigen?

Nur wenn das „Ich" als das erkannt wird, was es ist – nämlich eine Schöpfung des Begehrens – wird der Geist so geschmeidig, lenkbar, stetig und unerschütterlich werden, dass er mit allem Existierenden in Verbindung treten kann. Er wird dann einen Zustand erlangen, in dem Vergangenheit und Zukunft in der Gegenwart verschmelzen, wo das weit Entfernte und das Nahe ineinander übergehen und wo vollkommene Reinheit und Weisheit das Begehren und Werden auslöschen. Dann ist das spirituelle Leben zur Vollkommenheit gebracht worden.

Wenn unsere Ideen sehr stark sind und die Wirklichkeit steht damit nicht in Einklang, bricht die ganze Praxis zusammen. Warum? Weil wir mit dem Zwiespalt von Idee und Wirklichkeit nicht fertig werden. Diese Denkvorgänge müssen eines Tages fallengelassen werden.

Nibbāna ist Leere. Leere wovon? Letztendlich Leere von allen Erscheinungen und Formationen. Warum bekommen wir keinen Blick in diese Leere? Werfen den ganzen Zirkus, der im Geist herumspukt heraus und schauen, wie es dann ist? Es wird frei, unbeschwert und freudig, es gibt keine dicken Granitblökke von Verlangen und Hass, Lässigkeit und Trägheit, Rastlosigkeit, Sorgen und Zweifel, nichts ist da – nur Freiheit.

Ein leerer Geist ist immer mit Klarheit und Erkennen verbunden. Ein leerer Geist ist einfach nur leer von persönlichen Vorstellungen und leer von Formationen. Wenn das Sehen nur Sehen, das Hören nur Hören und das Erkennen nur Erkennen ist, antwortet der Geist nicht. Dann wird Erleuchtung möglich. Wir können flüchtige Ahnungen davon bekommen, *Nibbāna* ist nicht Äonen weit weg. *Nibbāna* ist nur die fünf Hindernisse weit weg. Sie zu benennen und zu kennen, bringt uns einen Schritt näher in die Freiheit. Die Hindernisse werden allmählich zu alten Bekannten und wenn dann eines von ihnen wieder auftaucht, können wir es begrüßen: „Bist du wieder da? Habe ich dir nicht viele Male gesagt wegzubleiben?" Dann lächeln wir uns selbst zu und denken: „Nun, da kam es also wieder. Und ich dachte, ich hätte das schon endgültig erledigt." Wir sollten uns selbst gegenüber liebevoll und verständnisvoll sein, wenn wir an unseren Negativitäten arbeiten.

Wenn wir richtig vertraut mit ihnen sind, wissen wir genau, wie wir damit umzugehen haben. Manchen wollen wir entgehen, sie wollen alleingelassen werden. Mit anderen wollen wir nur zusammensitzen und uns ihren Kummer anhören. Manche mögen ein wenig Sympathie bekommen wollen, manchen müssen wir ihren Willen lassen. Wir wissen genau, wie ein jedes reagiert, weil wir mit ihnen recht intim sind. Diese Hindernisse müssen alte Freunde werden. Wenn sie erscheinen, schenken wir ihnen, so oft wir können, ein Lächeln und sagen: „Ich kenne dich sehr gut, doch ich dachte, du wärst für eine Weile fort."

Macht man das in der Meditation in der Reihenfolge wie es der Buddha beschrieben hat, wird der Moment kommen, wo die Hindernisse in der Meditation nicht mehr aufsteigen. Es bedeutet nicht, dass sie entwurzelt sind. Sie werden erst bei der vollen Erleuchtung entwurzelt, durch absolute Einsicht. Doch sie steigen bei der Meditation nicht auf, weil sie erkannt worden sind und wir sie daher zeitweilig loslassen können. Dann wird es möglich, in die meditativen Vertiefungen, *Jhānas,* zu gehen.

Immer wenn der Buddha von Konzentration spricht *(Samādhi)*, spricht er von den meditativen Vertiefungszuständen, *Jhānas*. Der Buddha ging dabei nicht sehr in die Einzelheiten. Er zählte einige Besonderheiten auf, doch es ist nicht möglich, viele Erklärungen über geistige Zustände zu geben, die vollkommen von denen abweichen, die wir gewöhnlich haben. Unsere Sprache reicht einfach nicht aus um diese spirituellen Erfahrungen zu schildern, sie handelt eben vom alltäglichen Tun. Die *Jhānas* sind aber keine alltäglichen Aktivitäten. Der Buddha benutzte gewöhnliche Alltagsworte zur Beschreibung der *Jhānas*, die wir für alles andere auch gebrauchen, und so können sie nur eine annähernde Darstellung sein.

XII.
Meditative Vertiefungen

Wenn wir in den Lehrreden des Buddha von den meditativen Vertiefungen, den *Jhānas* hören, so muten manche Formulierungen ungewöhnlich an und lassen den Eindruck von übernatürlichen Fähigkeiten entstehen. Es mag sinnvoll sein, dies etwas genauer zu untersuchen.

Welche Meditationsmethode wir auch benutzen, sie kann als Schlüssel bezeichnet werden. Nachdem wir diesem Schlüssel einige Zeit ungeteilte Aufmerksamkeit geschenkt haben, sind wir mit ihm vertraut. Dann können wir das Schlüsselloch finden, den Schlüssel hineinstecken und die Tür aufschließen. Haben wir das getan, brauchen wir den Schlüssel nicht mehr, weil die Tür nun offen ist. Wir können die Methode fallen lassen und die inneren Gemächer des Geistes voller Schönheit, Frieden und makelloser Reinheit betreten. Hier herrscht eine andere Wirklichkeit.

Es ist daher unwesentlich, welche Meditationstechnik wir anwenden, solange sie uns als Schlüssel dienlich ist. Der Atem ist jedoch von jeher das traditionelle, klassische Meditationsobjekt gewesen. Atem und Geist sind eng verbunden. Wenn der Geist still und friedlich wird, passt sich der Atem an. Wenn der Atem ruhig wird, ist er so fein und subtil, dass er schwer zu finden ist. Meditierende bekommen dann manchmal Angst, dass sie ihren Atem und damit ihre Lebenskraft verlieren und beginnen, tiefer zu atmen. Es gibt keinen Grund zur Angst, solange wir leben, atmen wir.

Wenn der Atem flach und still wird, empfinden wir das in unserem Körper als sehr angenehm. Obwohl wir angenehme Körpergefühle aus dem täglichen Leben kennen, sind diese immer mit einer äußeren Ursache verbunden, ausgelöst durch unsere Sinne. Wenn wir noch keine Meditationserfahrung haben, können wir uns gar nicht vorstellen, dass viel angenehmere Gefühle in unserem Körper erlebt werden können, als die, die wir bisher in der Welt kennengelernt haben. Diese Emotionen sind nicht von äußeren Bedingungen abhängig, sondern nur von der inneren Bedingung der Konzentration. Das Gefühl kann sich bei den einzelnen Menschen unterschiedlich zeigen und mag sich auch in den einzelnen Meditationssitzungen in veränderter Form darstellen. In jedem Fall wird es immer viel angenehmer sein als alles, was wir bis dahin erlebt haben. Da dies nun der stärkste Eindruck in unserem Geist ist, nehmen wir das angenehme Gefühl als unser Meditationsobjekt und bemühen uns, es für eine gewisse Zeit ununterbrochen beizubehalten. Zuerst erscheint es nur wie ein Aufblitzen, aber wenn wir mehr Übung bekommen, können wir darin verweilen, solange wir wollen.

Was hat es damit auf sich, ein beseligendes Körpergefühl in der Meditation zu erleben und was können wir daraus lernen? Erstens hat der Buddha gesagt, dass wir uns in Körper und Geist wohlfühlen müssen, um erfolgreich meditieren zu können. Zweitens wird uns die Unbeständigkeit dieses höchst angenehmen Gefühls zeigen, wie flüchtig alle unsere Vergnügungen sind. Diese Erkenntnis kann uns möglicherweise leidenschaftsloser gegenüber den Sinnesbefriedigungen machen, die uns im Bereich von Geburt und Tod festhalten. Außerdem stellen unsere meditativen Vertiefungen eine Läuterungsmethode für unsere geistigen Hindernisse dar. Während wir in beseligende Gefühle vertieft sind, haben wir keine Negativitäten im Geist, so dass der Geist weniger Dunkelheit mit sich herumträgt solange wir üben.

Die Erfahrungen in der Meditation können wir auch auf unser tägliches Leben übertragen, indem wir die Schwierigkeiten, die uns im Alltag begegnen, als kleine Irritationen und nicht als große Tragödien betrachten. Diese Haltung gegenüber Problemen ist nun möglich, da wir einen geübten Geist haben, der in der Lage ist, auf Wunsch ein angenehmes Gefühl zu entwickeln.

Die meditativen Vertiefungen sind das notwendige Mittel, um unserem Geist durch Konzentration die Stärke und Kraft zu verleihen, damit er die Illusion in der wir leben durchdringt und die absolute Wirklichkeit erkennt, die allem zu Grunde liegt.

Sind wir mit der Meditation einmal so weit gekommen, müssen wir rekapitulieren, was geschehen ist, seit wir uns auf das Kissen gesetzt haben. Solange wir nicht unseren persönlichen Zugang zu den Vertiefungen gefunden haben, wird es Glücksache bleiben, was uns möglicherweise frustriert oder unzufrieden werden lässt. Es können viele Einzelheiten sein, die dazu beitragen, dass wir uns gut konzentrieren können. Deshalb wäre es wichtig herauszufinden, welche Vorgehensweise uns zu einer guten Meditation verhilft, damit wir diese Voraussetzungen immer wieder in uns schaffen können.

Körperlich mag es davon abhängig sein, nicht zu „voll" zu sein, in einer bequemen Haltung zu sitzen und den Lärm von außen auf ein Minimum zu reduzieren. Geistig mag es eine Rolle spielen, welche Eindrücke wir vor der Meditation hatten. Daher ist es erforderlich, das Juwel unseres Geistes vor Negativitäten und Aufregungen durch Geschwätz und unpassende Unterhaltungen zu bewahren. Gefühlsmäßig ist es auf alle Fälle förderlich, zu Beginn der Meditation liebevolle Gedanken und Empfindungen für uns selbst, unsere Lehrer, unsere Lieben und unsere Freunde im Herzen zu spüren. Eine schöne Meditationseinstimmung wäre auch Dankbarkeit und Zuneigung für den Buddha und seine Lehre.

Diese Möglichkeiten könnten in Betracht gezogen werden und wir sollten das, was uns hilft, immer wieder benutzen. Natürlich kann man auch phantasievoll sein und selbst geeignete Hilfsmittel ausfindig machen. Haben wir unseren Zugang gefunden, werden wir die Fährte in den dunklen und verschlungenen Windungen unseres Geistes nicht mehr verlieren, sondern in der Lage sein, direkt in die verschiedenen Vertiefungsstufen hineinzukommen. Damit haben wir einen großen inneren Reichtum und Schatz in uns gefunden. Jeder menschliche Geist hat dieselbe Struktur und unterscheidet sich nur durch unsere individuellen *karmischen* Voraussetzungen. So ist es leicht einzusehen, dass jeder Geist den gleichen Weg zur Unendlichkeit und Reinheit geht. Es gibt viele persönlichliche Vorgehensweisen und Hilfsmittel, um die sich der einzelne bemühen muss, damit er die Pforte zum inneren Frieden erreicht. Dort brauchen wir dann nur den Schlüssel umdrehen und können in die erleuchteten Gemächer unseres Geistes eintreten. Von da an wird jeder Geist dieselben Erlebnisse haben.

Anschließend ist es wichtig, die Erlebnisse zu verstehen und zu deuten. Auch das obliegt unserer Verantwortung, wieviel Einsicht wir dadurch erlangen. Wenn wir zum Beispiel die Unbeständigkeit des entzückenden Gefühls bedauern, haben wir noch keine realistische Beziehung zur Vergänglichkeit, sondern betrachten sie nur als etwas Unseliges, das wir lieber vergessen würden. Das ist nicht Weisheit, sondern die Reaktion eines Weltlings und in diesem Fall würde die meditative Vertiefung nicht zur Einsicht führen. Ruhe und Stille sind die notwendigen und besten Mittel, um intuitive Weisheit zu erlangen. Somit ist es möglich, die Welt als eine Erscheinung ohne wesentliche Bedeutung zu sehen, damit wir sie ohne Bedauern und Missfallen hinter uns lassen können.

Wenn wir darin geübt sind, uns jederzeit in die erste Stufe der meditativen Vertiefung zu versenken und das beseligende Körpergefühl erleben, können wir erkennen, dass dies noch ein grober Zustand ist. Das Gefühl ist von einem Körper abhängig, mit dem wir uns nicht länger identifizieren können oder ihn zumindest nicht mehr so hoch einschätzen wie früher. Ist uns das bewusst, können wir das körperliche Empfinden in den Hintergrund unserer Aufmerksamkeit treten lassen und uns hauptsächlich auf das Gefühl konzentrieren, welches zu der Zeit als Freude und Glück empfunden wird. Haben wir ein beseligendes Körpergefühl erlebt, so kann die emotionelle Reaktion darauf nichts anderes als Freude sein. Sie wird dann das Hauptobjekt unserer Achtsamkeit, während das körperliche Entzücken schwach im Hintergrund bestehen bleibt.

Üben wir stetig weiter, werden wir in diesem Freudegefühl so lange bleiben können, wie wir möchten. Durch diese Stufe der Meditation gewinnen wir viel Selbstvertrauen, da wir jetzt aus eigener Erfahrung wissen, dass unser Glück nicht von anderen Menschen oder Situationen, sondern nur von unserer eigenen Meditationspraxis abhängig ist. Dies gibt uns ein starkes Gefühl der inneren Unabhängigkeit und Sicherheit, das in weltlichen Dingen niemals gefunden werden kann. Wir können sagen, dass wir für unseren Geist ein Heim gefunden haben, wo wir jederzeit Zuflucht finden können und geschützt sind. Das wird natürlich unsere Einstellung gegenüber der Welt und ihren Versuchungen verändern, ebenso die Vorstellung, die wir von uns selbst als Teil dieser weltlichen Existenz haben. Unser Verlangen dazusein mag dann schwächer werden.

Alle Meditierenden sind mit der Schwierigkeit des planlosen, diskursiven Denkens konfrontiert. Sogar wenn vertiefte Zustände schon erlebt wurden, liebt es der Geist, seine Spiele zu spielen. „Ich"-Bestätigung ist nur möglich, wenn wir denken und das ist der Luxus, den wir uns erlauben, wenn der Geist nicht diszipliniert genug ist, um konzentriert zu bleiben. Jeder hat mit dem Balanceakt zwischen Sich-gehen-Lassen und Selbstdisziplin zu tun. Der Buddha nannte es den „Mittleren Weg" und jeder von uns muss selbst aufpassen, dass wir auf keiner Seite über Bord gehen.

Sind wir nun in der Lage gewesen, Freude in der Meditation zu erleben, wissen wir, dass sie subtiler und erfüllender ist als jeder andere Glückszustand, den wir je im täglichen Leben erfahren haben. Dennoch spüren wir, dass dies nicht ein so zartes und erhabenes Gefühl ist, wie es uns vorschwebt und wir lassen das Freudegefühl fallen, um Zufriedenheit zu erleben. Diesen inneren Herzensfrieden erleben wir dann als einen weniger erregenden, friedlicheren Geisteszustand ohne jegliche Wünsche. Es ist ein inneres Gefühl, das jeder ersehnt, aber niemand außer einem Meditierenden erlangt. Aus dieser Erfahrung können wir lernen, dass nur das Freisein von Wünschen Zufriedenheit bringen kann und nicht, wie wir bisher gedacht haben, die Erfüllung aller Wünsche. Dies ist eine der tiefgründigsten Lektionen, die wir lernen können. Obwohl es sich sehr einfach anhört, ist darin die Essenz der Wahrheit vom Leiden und ihres Erlöschens beinhaltet.

Folgendes Gleichnis beschreibt die fortschreitenden Stufen der meditativen Vertiefungen sehr anschaulich:

Ein Mensch ist ohne Wasser durch die Wüste gewandert, ihn dürstet und er ist bereits vollkommen ausgetrocknet. Er sehnt sich nach Wasser, um seinen Durst zu löschen. Da erblickt er in der Ferne einen Teich. Der Geist ist angenehm erregt, weil die Erleichterung so nahe ist. Dies beschreibt die erste Stufe der meditativen Vertiefungen, bei der angenehme Gefühle aufsteigen und freudige Erregung erlebt wird.

Der durstige Mensch nähert sich dem Teich bis er direkt daneben steht. Er freut sich darüber, dass seine Suche Erfüllung findet und der Geist ist von einem beschwingten Glücksgefühl durchdrungen. Dies entspricht der zweiten Stufe der Vertiefung, in der das angenehme Körpergefühl in den Vordergrund gelangt, aber die Erregung noch nicht ganz abgeklungen, sondern nur abgeschwächt ist.

Nun löscht die durstige Person ihren Durst und labt sich an dem Wasser. Sie fühlt sich belebt, verspürt die erhoffte Erleichterung und ist ganz zufrieden. Das wird in der dritten Stufe der Vertiefung erlebt, wenn der Geist sich wunschlos zufrieden fühlt und jegliches Verlangen verliert.

Nachdem der Durst gelöscht ist, legt sich dieser nun ganz zufriedene Mensch in den Schatten eines Baumes und erlebt den Frieden des Gestilltseins. Dieser Zustand kann mit der vierten Stufe der meditativen Vertiefungen verglichen werden, die in tiefere Bereiche des Geistes eindringt, wo vollkommener Frieden empfunden werden kann, da alles Verlangen gestillt ist und der Geist nichts mehr unternehmen muss.

Diese vierte Stufe der Vertiefung ist die subtilste meditative Erfahrung des feinkörperlichen Bereichs. Wir nennen es feinkörperlich, weil uns alle Aspekte dieser vier Vertiefungen aus dem körperlichen Bereich bekannt sind, aber viel feiner und befriedigender sind, da sie durch meditative Konzentration entstehen. Wir sind nicht nur mit angenehmen Körpergefühlen, Freude und Zufriedenheit vertraut, sondern wir haben auch eine Vorstellung von Frieden. Wir können jedoch die Qualität dieser Empfindungen, die wir im Alltäglichen erfahren, nicht damit vergleichen, was wir in der Meditation mit einem reinen und lichten Geist erleben. Das Friedensgefühl im Inneren ist unabhängig von äußeren Umständen und kann jederzeit in uns erweckt werden.

Zu dieser vierten Stufe Zugang zu finden, ist etwas schwieriger als die vorhergehenden Schritte. Wenn wir angenehme Körpergefühle, Freude und Zufriedenheit erleben, sind wir noch immer im Bereich der Dualität. Es gibt hier das Erlebnis und denjenigen, der es erlebt, der „Ich" heißt und diese freudige Situation genießt. Um jedoch Frieden und vollkommenen Gleichmut erleben zu können, muss das „Ich" fast ganz fallengelassen werden, dieses Loslassen wird anfangs durch unsere „Ich"-Bezogenheit erschwert.

Meditierende spüren an diesem Punkt oft einen Widerstand, da sie Angst haben, den Überblick zu verlieren. An dieser Stelle sollten wir uns vor Augen halten, dass wir niemals einen wirklichen Überblick gehabt haben. Sonst würden wir sicherlich nicht zulassen, dass wir uns unglücklich fühlen, Angst oder Sorgen haben, sondern wir würden unseren Geist immer so in Schach halten, dass er uns nur glücklich macht. Da dies aber wohl kaum zutrifft, können wir daraus folgern, dass wir nun zum ersten Mal die Kontrolle über den Geist erlernen. Diese Überlegung mag helfen, die Angst zu überwinden.

Was in diesem Augenblick in der Meditation erforderlich ist, ist ein sanftes und weiches Sich-Hingeben, ein Nachgeben und Aufgeben aller Hoffnungen, Wünsche, Ideen und Pläne – ein Fallenlassen in die weiche und umhüllende Ruhe des zeitweilig vollkommen reinen Geistes. Haben wir das getan, werden wir intuitiv erkennen, dass wir nur ohne das „Ich" vollkommenen Frieden erlangen können. Dies wird einen Meditierenden ermutigen, weiter fleißig zu üben, da er ja schon kurz das Ergebnis unendlicher Hingabe kennengelernt hat.

Die Vertiefungen sind keineswegs übernatürliche Zustände, da alles, was unser Geist tun kann, seiner

Natur entsprechen muss. Vielmehr ist es so, dass sich Herz und Geist eines jeden Menschen nach diesem Erleben von Freude und Frieden sehnt und ein natürliches Interesse daran hat. Das zeigt uns deutlich, dass es mit Übung und Anleitung für jeden möglich sein sollte wahre Meditation zu praktizieren, *Sammā-Samādhi*.

Wenn wir uns einen guten Zugang zu den vier Stufen der feinkörperlichen Vertiefungen verschafft haben und so lange darin verweilen können, wie wir wollen, sind wir fähig, uns die vier formlosen Vertiefungen zu erschliessen. Wie der Name schon sagt, sind sie von feinerer Substanz als das, was wir bis dahin erlebt haben. Die Geisteszustände, die wir hier erleben, sind uns nicht einmal entfernt bekannt. Doch die Fähigkeit, in die ersten vier Stufen hineinzugehen und darin zu verweilen, lässt die folgenden Schritte zu einer ganz natürlichen Entwicklung werden.

Die fünfte Stufe der Vertiefung wird „Unendlicher Raum" genannt und das ist sicherlich kein gewöhnliches Erlebnis für uns. Doch ihr unergründlicher Name sollte uns nicht davon abhalten, sie zu praktizieren und zu erleben.

Genauso wie sich die erste der feinkörperlichen Vertiefungen auf ein körperliches Gefühl bezog, ist es auch bei den formlosen Vertiefungen, nur auf einer verfeinerten Basis. Während die angenehmen Körpergefühle uns selbst zum Mittelpunkt hatten, konzentriert sich der unendliche Raum auf die Ganzheit, die Totalität aller Erscheinungen. Für viele Meditierende fängt dies mit einem Gefühl von Erweiterung des eigenen Körpers an, der dann schnell seine Umrisse verliert, so dass es kein Gefühl eines individuellen Körpers mehr gibt. Es wird durch ein Gefühl von unendlicher Weite ersetzt, in der keine einzelnen Wesen existieren, am wenigsten wir selbst. Dieser Zustand beinhaltet auch vollkommene Ruhe, da niemand da ist, der irgendwelche Sorgen oder Ängste haben könnte.

Konnten wir in dieser Vertiefung verweilen, sollte uns anschließend klar werden, dass die Identität unseres individuellen Körpers eine Illusion ist, ohne Wahrheit dahinter. Von da an werden wir unseren Körper nie wieder mit derselben Vorstellung des Besitzens und der Identifikation betrachten wie bisher, sondern als das ansehen, was er ist, nämlich eine Manifestation unserer eigenen Begierden, die wir jederzeit fallenlassen können.

So wie der nächste Schritt bei den feinkörperlichen Vertiefungen den Geist betraf, handelt die folgende

Stufe der Meditation in den formlosen Bereichen vom unendlichen Bewusstsein. Es beginnt mit einem Gefühl der Ausdehnung unseres eigenen Geistes bis dieser die Grenzen des individuellen Bewusstseins sprengt und in der Unendlichkeit des Bewusstseins aufgeht. Natürlich beinhaltet dieser Zustand auch vollkommenen Frieden, weil es nichts und niemanden gibt, der ihn stören könnte.

So wie das Erleben des unendlichen Raumes keinen Zweifel daran lässt, dass es keine individuelle körperliche Identität gibt, so macht die Erfahrung des unendlichen Bewusstseins unserer Illusion von einem individuellen Geist ein Ende.

Es gibt Aussprüche von indischen Weisen, wie: „Ich bin das" oder „Alles ist ich" und wir haben vielleicht gedacht, das wäre anmaßend. Doch beschreiben solche Aussagen ein Erleben, in dem kein Überrest von individueller Existenz mehr empfunden wird und ein Aufgehen in der Ganzheit aller Existenz, in „Allem" erlebt wird.

Als nächster Schritt folgt dann das Erleben des „Nichtsheitgebiets". Zufriedenheit als dritter Schritt im feinkörperlichen Bereich ließ nichts zu wünschen übrig. Genauso finden wir in der Sphäre der Nichtsheit nichts Begehrenswertes. In dem sich unser

Bewusstsein für die Wahrnehmung des Ganzen, des Alls erweitert, bekommen wir ein Gefühl dafür, dass es nirgendwo etwas Festes und Unveränderliches gibt, das Sicherheit oder Halt bieten könnte, an das wir uns klammern könnten. Alles ist im ewigen Fluss und wandelt sich beständig, das Universum inbegriffen. Dies bedeutet allerdings nicht, dass nichts existiert. Es gibt schon Manifestationen, aber sie haben keinen eigenen Wert und sind in Wirklichkeit nur Energieteilchen, die auseinanderfallen und wieder zusammenkommen.

Nur das meditative Erleben eines erweiterten Bewusstseins kann uns die innere Schau dieser Wahrheit ermöglichen. Diese Erkenntnis wird die Einstellung zu uns selbst und unsere Reaktionen auf die Welt verändern.

In den feinkörperlichen Vertiefungen ist die vierte Stufe vollkommene Ruhe, die unsere geistige Energie erneuert und stärkt und von allen Unterscheidungen und „Ich"-Vorstellungen frei ist. Im formlosen Bereich wird der vierte Schritt „Weder-Wahrnehmung-noch-Nichtwahrnehmung" genannt. Bei diesem Erleben fehlt die Wahrnehmung von etwas Bestimmtem und es ist daher total ruhig und erholsam, verschafft geistige Energie, ermöglicht es, dass selbst die subtilste geistige Aktivität zeitweilig aufgehoben ist und ebnet den Weg für das „Verlöschen", *Nirodha*, das nur für Nichtwiederkehrer und Erleuchtete möglich ist.

Es sollte klar sein, dass wir einen automatischen inneren Reinigungsprozess durchführen, wenn wir uns für längere Zeit meditativ konzentrieren. Fährt man stetig mit der Meditation fort, verringern sich allmählich unsere negativen Eigenschaften und irgendwann sind sie vernichtet. Ein Mensch, der diesen Weg bis hierhin gegangen ist, kann alle Begierden loslassen und *Nibbāna* hier und jetzt erreichen.

Glossar

Die folgenden Pāli Wörter enthalten Konzepte und Ideen, für die es im Deutschen keine entsprechenden Synonyme gibt. Die Erklärungen dieser Ausdrücke sind dem „Buddhistischen Wörterbuch" von Nyāṇatiloka Mahāthera entnommen.

Anāgāmi: Der Nichtwiederkehrende, ist der im Besitz der dritten Stufe der Heiligkeit befindliche Edle Jünger.
Anattā: Nicht-Selbst, Nicht-Ich oder Substanzlosigkeit von allem, was existiert. – Die Lehre von *Anattā* besagt, dass es weder innerhalb noch außerhalb der körperlichen und geistigen Daseinserscheinungen irgend etwas gibt, das man als eine für sich bestehende unabhängige Persönlichkeit bezeichnen könnte. – Eines der drei Daseinsmerkmale.
Anicca: Vergänglichkeit, ist eine Grundeigenschaft aller bedingten Vorgänge, seien sie körperlich oder

geistig, grob oder fein, in der Innen- oder Außenwelt. – Eines der drei Daseinsmerkmale.

Anusaya: Die sieben Neigungen sind: Sinnliches Begehren, Widerstreben, Ansicht, Zweifelsucht, Dünkel, Daseinstrieb, Unwissenheit.

Arahat / Arahant: Der Vollkommen Erleuchtete, der von allen Fesseln frei ist. Die höchste Stufe der Heiligkeit.

Ariya: Edle Menschen, sind solche, die mindestens die erste der vier Stufen der Heiligkeit auf dem Weg zu *Nibbāna* erreicht haben.

Avijjā: Nichtwissen, Unwissenheit, Verblendung, gilt als die Grundwurzel allen Übels in der Welt, da sie eben den Erkenntnisblick der Wesen verschleiert und sie die wahre Natur der Dinge nicht erkennen läßt.

Āsava: Strömungen, Einströmungen; bildliche Bezeichnung für die vier Triebe:

(1) Sinnlichkeitstrieb, (2) Daseinstrieb,

(3) Ansichtstrieb, (4) Unwissenheitstrieb .

Bhava-Rāga / Bhava-Taṇhā: Daseinsbegierde.

Citta-Viveka: Geistige Abgeschiedenheit.

Devas: Himmelswesen, in glücklicher Sphäre lebende und für die Menschen im Allgemeinen unsichtbare Wesen, die aber genauso wie die Menschen und alle anderen Wesen dem beständigen Wiedergeborenwerden, Altern und Sterben unterworfen sind und die Daseinsrunde durchkreisen.

Dhamma: Die Lehre des Buddha, Naturgesetz, Gesetz, Wahrheit, Erscheinungen. Das *Dhamma* als das vom Buddha erkannte und verkündete Gesetz ist zusammengefasst in den vier Edlen Wahrheiten.

Diṭṭhi: Ansicht, Anschauung, Einsicht, Erkenntnis, wird aber, besonders wenn alleinstehend, meist im Sinne von verkehrter Ansicht, falscher Erkenntnis usw. gebraucht, seltener im Sinne von rechter Erkenntnis. Eine der drei Daseinsfesseln, die beim Stromeintritt überwunden wird.

Dukkha: Leiden, Leidunterworfensein, Unbefriedigtsein, Unzulänglichkeit. Eines der drei Daseinsmerkmale und die erste der vier Edlen Wahrheiten.

Jhāna: Vertiefung, meditative Vertiefung. Bezeichnung für die vier feinkörperlichen und die vier formlosen Vertiefungen.

Kalyāṇa-Mitta: Edler Freund, der in der Lehre des Buddha erfahren ist und auf dem spirituellen Weg ein Freund und Lehrer sein kann.

Kamma / Karma (skrt.): Wörtl. Wirken, Tat, bezeichnet die heilsame oder unheilsame Absicht, die hinter unseren Gedanken, Worten und Taten steht. *Karma* bedeutet also keineswegs das Ergebnis des Wirkens oder das Schicksal von Menschen oder ganzen Völkern.

Kammaṭṭhāna: Übungsgebiet, Kontemplations- und Innenschauthema.

Kāya-Viveka: Körperliche Abgeschiedenheit.

Khandha: Die Daseins- oder Anhaftungsgruppen, nennt man die fünf Gruppen, aus denen ein Mensch besteht: Körper, Gefühl, Wahrnehmung, Geistesformationen und Sinnesbewußtsein, d.h. der Körper und die vier Teile des Geistes.

Lokiya: Weltlich, nennt man alle, nicht mit dem überweltlichen Pfad verbundenen Bewußtseinszustände und Geistesfaktoren.

Lokuttara: Überweltlich, nennt man die als die vier überweltlichen Pfadergebnisse bezeichneten Bewußtseinszustände.

Magga-Phala: Pfad und Frucht. Der Eintritt in einen der überweltlichen Bewußtseinszustände.

Māna: Dünkel – Fehlglaube über das „Ich", ist eine von den an den Kreislauf des Daseins kettenden zehn Fesseln.

Māra: Der Versucher, ist die Personifikation der die Menschen überwältigenden Leidenschaften.

Mettā: Liebende Güte, bedingunsglose Liebe, ist eine der vier Göttlichen Verweilungsstätten. Die anderen drei sind: Mitgefühl, Mitfreude und Gleichmut.

Nibbāna: Wörtl. nicht-brennen, ist das höchste Ziel allen buddhistischen Strebens, die endgültige, restlose Befreiung aus der Daseinsrunde, von allem künftigen Wiedergeborenwerden, Altern und Sterben, Leiden und Elend.

Nirodha: Erlöschung; d.h. Erlöschung von Wahrnehmung, aber nicht erlöschen der Lebenswärme und der Fähigkeiten (z.B. Sinnesorgane) wie beim körperlichen Tod. Meditativ nur für Nichtwiederkehrer *(Anāgāmi).*

Nivaraṇa: Die fünf Hindernisse: 1. Begierde nach Sinnesbefriedigung, 2. Übelwollen, 3. Lässigkeit und Trägkeit, 4. Unruhe und Rastlosigkeit, 5. Zweifelsucht.

Papañca: Vielfalt, Weitschweifigkeit, Mannigfaltigkeit, Ausbreitung.

Paramattha-sacca (-dhamma, -vacana, -desana): Im höchsten Sinne gültige Wahrheit (Ding, Ausdrucksweise, Darlegung), sagt man zum Unterschied von der bloß konventionellen Wahrheit.

Paṭiccasamuppāda: Die bedingte Entstehung, ist die Lehre von der Bedingtheit aller körperlichen und geistigen Phänomene.

Sacca: Wahrheit.

Sakadāgāmī: Der Einmalwiederkehrende; die zweite der vier Stufen der Heiligkeit auf dem Weg zu *Nibbāna*.

Sakkāya-Diṭṭhi: Persönlichkeitsglaube. Die erste der zehn Fesseln, die beim Stromeintritt aufgegeben wird.

Sammā-samādhi: Rechte Sammlung.

Samatha: Ruhe, Ruhemeditation, ein Synonym von *Samādhi*.

Saṁsāra: Kreislauf des Daseins oder der Wiedergeburten, der scheinbar unauflösliche Prozess des immer wieder und wieder Geborenwerdens, Alterns, Leidens und Sterbens.

Saṁvega: Ergriffenheit, Gefühl der Dringlichkeit

Sangha: Wörtl. Schar, ist eine Bezeichnung für die Mönchs- und Nonnengemeinschaft.

Sankhāra: Gestaltung, Bildung, bezeichnet sowohl die Tätigkeit des Gestaltens als auch den passiven Zustand des Gestaltetseins, das Gestaltete, das Gebilde, Karmaformationen in Gedanken, Worten und Taten.

Sāvaka: wörtl. Hörer; bezeichnet im engeren Sinn die acht Edlen Jünger.

Sīlabbata-Parāmāsa: Glaube an Regeln und Riten, ist die von dem Stromeingetretenen überwundene dritte von den zehn ans Dasein kettenden Fesseln.

Sotâpanna: Stromeingetretener; der erste der Edlen Jünger, der die ersten drei Fesseln abgelegt hat.

Sotâpatti: Stromeintritt; die erste der vier Stufen der Heiligkeit auf dem Weg zur Verwirklichung des *Nibbāna*.

Vicikicchā: Skeptischer Zweifel, Zweifelsucht, ist eins der fünf Hindernisse und eine der drei Daseinsfesseln, die beim Stromeintritt überwunden werden.

Vipassanā: Einsicht; das aufblitzende, intuitive Erkennen der Vergänglichkeit, des Leidens und der Unpersönlichkeit aller körperlichen und geistigen Erscheinungen.

Yathābhūta-Ñāṇadassana: Das Wissen und Sehen der Dinge, wie sie wirklich sind; eine der 18 Arten des Erkenntnisblicks.

Lebenslauf von Ayya Khema

Die Ehrwürdige Ayya Khema wurde am 25.08.1923 als Ilse Kussel in Berlin geboren. Sie war das einzige Kind wohlhabender jüdischer Eltern. Im April 1939 konnte sie mit einem der letzten Schiffstransporte jüdischer Kinder Nazi-Deutschland verlassen. Sie fand vorübergehend Aufnahme in Glasgow (Schottland) bei einer Gastfamilie russisch-jüdischer Herkunft. Ihre Eltern hatten Berlin bereits Anfang 1939 über Triest verlassen und waren nach Shanghai (China) geflohen, der letzten Zufluchtsstätte für europäische Juden. In die dort entstandene europäisch-jüdische Exilgemeinde folgte ihnen im Februar 1941 ihre Tochter Ilse. Während des Krieges im Pazifik eroberten die Japaner Shanghai. Auf Drängen der deutschen Regierung wurden dort Anfang 1943 die ca. 20.000 europäischen Juden zwangsweise in einem Stadtteil konzentriert. In diesem Ghetto starb im August 1945 Ilse Kussels Vater, wenige Wochen vor der Befreiung des Ghettos durch die Amerikaner.

Nach der Heirat mit Johannes Dombrowsky, einem jüdischen Landsmann, und der Geburt der Tochter Irene konnte die Familie 1949 auf einem der letzten Truppentransporter nach Kalifornien (USA) emigrieren, kurz bevor die Soldaten Maos Shanghai eroberten. Der Schritt in die äußere Freiheit war erfolgt. Bis zur Geburt ihres Sohnes Jeffrey (1956) lebte und arbeitete Ilse Dombrowsky in Kalifornien. In diesen Jahren regte sich in ihr ein immer stärker werdendes Gefühl der Unzufriedenheit mit der materiellen Orientierung ihres neuen Lebens und sie begann philosophische und spirituelle Bücher zu lesen. Mit ihren Gedanken und Gefühlen blieb sie jedoch allein, bis sie 1959 in Kalifornien, im Hause ihrer Mutter, Gerd Ledermann kennenlernte, einen ebenfalls aus Berlin geflohenen Juden, den sie bald nach der Scheidung ihrer ersten Ehe heiratete.

Mit ihrem Sohn Jeffrey aus erster Ehe folgte Ilse Ledermann in den folgenden Jahren ihrem rastlosen Ehemann durch Mittel- und Südamerika, Australien, Asien und Europa. Längere Zeit lebte und arbeitete die Familie in Mexiko, Pakistan und Australien. Den Beginn der spirituellen Entwicklung Ilse und Gerd Ledermanns markieren Aufenthalte im Ashram des verstorbenen Ramana Maharshi und im Sri Aurobindo Ashram in Indien. Dort begegnete Ilse Ledermann der „Mutter", deren klare (Meditations)-Anweisungen und einfachen Worte ihr den Zugang zum Weg spirituellen Wachstums ermöglichten.

1967 wurde die Familie in Queensland (Australien) sesshaft, erwarb ein Grundstück und begann mit dem Aufbau der biologischen Farm „Shalom". Anfang der siebziger Jahre besuchte der englische buddhistische Mönch Phra Khantipalo (Lawrence Mills) die Farm. Von ihm hörte Ilse Ledermann das erste Mal das *Dhamma*, die Lehre des Buddha, in ihrer ursprünglichen Form, dem Theravada. Bald organisierte sie auf der Farm Meditationskurse mit Phra Khantipalo, reiste selbst in verschiedene buddhistische Zentren (USA, Burma) und leitete bald die ersten Meditationskurse auf der Farm.

1977 endete die Ehe mit Gerd Ledermann. Dem Verkauf der Farm folgte einige Zeit später der Erwerb eines Grundstücks bei Sydney auf dem das Waldkloster „Wat Buddha Dhamma" unter der spirituellen Leitung Phra Khantipalos entstand. Nach einer Trainingszeit in thailändischen Waldklöstern (Ajahn Singtong, Ajahn Mahabova) reiste Ilse Ledermann 1979 nach Sri Lanka, wo sie im August 1979 im Vajirarama Tempel durch den Ehrw. Narada Mahathera zur Novizin (Samaneri) Ayya Khema in der Theravada Tradition ordiniert wurde. Auf Sri Lanka lernte sie auch den Ehrw. Nyanaponika Mahathera (1901–1994) kennen, den großen deutschstämmigen Mönchsgelehrten, der ihre Fragen zum Verständnis des *Dhamma* immer wieder sachkundig beantwortete. Daran schloß sich eine Zeit intensiver Meditation an. Außerdem hat sich Ayya Khema sehr für die Belange der Nonnen eingesetzt und es ist nur ihrem großen Engagement zu verdanken, dass es mittlerweile wieder *Bhikkhunis* (voll ordinierte Nonnen) auf Sri Lanka gibt. Der Nonnenorden war seit tausend Jahren ausgestorben in den Theravada Ländern (Burma, Sri Lanka, Thailand, Laos, Kambodscha).

1983 begegnete Ayya Khema dem Ehrw. Matara Sri Nyanarama Mahathera, einem hoch angesehenen Mönch und Meditationsmeister aus dem Kloster Mitirigala. Er bestätigte ihre korrekte Praxis der meditativen Vertiefungen *(Jhānas)* und ermutigte Ayya Khema, diese verloren gegangene Kunst der meditativen Vertiefungen im Westen zu lehren. Parallel zur Aufnahme dieser Lehrtätigkeit schuf sie 1985 mit großer Unterstützung von Arthur de Silva ein Frauenkloster und Meditationszentrum auf der Insel Parappuduwa im Ratgama See im Südwesten Sri

Lankas. Etwa zur gleichen Zeit erfuhr Ayya Khema, dass sie Brustkrebs hat. Sie entschied sich gegen eine Operation. Im Dezember 1988 wurde Ayya Khema im Hsi-Lai-Tempel in Los Angeles (Kalifornien) bei der International Buddhist Progress Society, einer chinesisch buddhistischen Tradition, zur *Bhikkhuni* ordiniert.

Durch ihre Lehrtätigkeit in Deutschland seit Anfang der achtziger Jahre war Ayya Khema in ihrem Geburtsland als hervorragende buddhistische Meditationsmeisterin bekannt geworden. In Sri Lanka wurde die Lage Ende der Achtzigerjahre aufgrund ethnischer Unruhen immer schwieriger und gefährlicher. Durch ihre Inspiration und der Initiative ihrer deutschen Schüler entstand Anfang 1989 in Bayern ein buddhistisches Meditations- und Studienzentrum, das Buddha-Haus. Es wurde immer mehr zu Ayya Khemas Lehr- und Lebensmittelpunkt. Im Buddha-Haus bildete sich eine Lebensgemeinschaft von Frauen und Männern, die Ayya Khema bei der Verbreitung der Lehre des Buddha unterstützte. Im Jahr 1993 unterzog sich Ayya Khema einer schweren Krebsoperation, der weitere Operationen folgten. Aufgrund ihrer Inspiration entstand Anfang 1994 ein Meditationszentrum in München, und Anfang 1999 eröffnete die

Gemeinschaft ein weiteres in Stuttgart. Sie schuf das erste buddhistische Waldkloster Deutschlands, die „Metta Vihara", das im Sommer 1997 eröffnet wurde und sowohl ein Retreatzentrum für Laien ist, als auch der Sitz des im Oktober 1997 von Ayya Khema gegründeten „Ordens der westlichen Waldklostertradition". Sie ist Autorin von zahlreichen Büchern, die mittlerweile in über zehn Sprachen übersetzt sind.

In einzigartiger Klarheit und Tiefgründigkeit zeigte sie ihren Schülern auf der ganzen Welt den Weg zu einem glücklichen und friedlichen Leben und zur vollkommenen Befreiung. Mitte 1997 musste sich Ayya Khema einer weiteren Krebsbehandlung unterziehen, die sie sehr schwächte. Am 2. November 1997 starb sie ganz friedlich im Buddha-Haus im Allgäu. Ihre Asche wurde in der Stupa im Garten des Buddha-Hauses beigesetzt. Zu ihrem spirituellen Nachfolger bestimmte sie ihren langjährigen Schüler, den Ehrwürdigen Nyanabodhi.

Veröffentlichungen im Jhana Verlag

Neuauflagen:

Ayya Khema

Unsere Umwelt als Spiegel

der Weg des Buddha zur Selbsterkenntnis

Gebunden 112 Seiten

3. Auflage 1999

ISBN 3-931274-18-7

Dhammapada

Des Buddhas Weg zur Weisheit

In dieser neuaufgelegten Ausgabe der Dhammapada, der ältesten Schriftensammlung, sind alle 423 Verse in Pali abgedruckt, sowie eine metrische Übersetzung und ein ausführlicher Kommentar.

Leinen mit Goldprägung, 372 Seiten

2. Auflage 1999

ISBN 3-931274-17-9

Ayya Khema

Das Größte ist die Liebe

Die Bergpredigt und das Hohelied der Liebe aus buddhistischer Sicht

Broschiert 104 Seiten

2. Auflage 1999

ISBN 3-931274-02-0

Weitere Titel:
Grenzenloses Sein

Gedenkschrift für Ayya Khema
Leinen mit Goldprägung, zahlreiche farbige Abbildungen
424 Seiten, 1. Auflage 1998
ISBN 3-931274-12-8

Ayya Khema
Die vier Ebenen des Glücks

Die Anweisungen des Buddha zum Glücklichsein
Gebunden 320 Seiten
1. Auflage 1997
ISBN 3-931274-08-X

Ayya Khema
Das Herz der Lotosblume

Die Essenz der Buddha-Lehre
Broschiert 152 Seiten
1. Auflage 1996
ISBN 3-931274-06-3

Wir freuen uns über Ihre Bestellungen. Sie können per Telefon, Fax, e-mail oder Bestellkarte ordern.

Jhana Verlag, Buddha-Haus
Uttenbühl 5
D-87466 Oy-Mittelberg
Tel: 08376 / 8838 und Fax: 08376 / 592
e-mail: buddha-haus@t-online.de